《党政干部传统文化学习丛书》编委会

主　编：李长喜　中共中央宣传部原副秘书长

总策划：张　健　"十二五"教育部规划课题《传统文化与中小学生人格培养研究》总课题组执行主任
　　　　普颖华　著名国学文化学者，"十二五"教育部规划课题《传统文化与中小学生人格培养研究》总课题组副主任

编　委：张　磊　经济日报社副总编辑
　　　　刘汉俊　中共中央宣传部宣传舆情研究中心主任、思想政治工作研究所所长、《党建》杂志社社长
　　　　尚　伟　军事科学院研究员
　　　　邵文辉　中共中央宣传部理论局副局长
　　　　程少华　中共中央宣传部全国宣传干部学院科研处处长
　　　　欧阳晓东　中共长沙市委宣传部研究员

党政干部传统文化学习丛书
李长喜 ◎ 主编

中国国学文化艺术中心／组编

重民本

刘汉俊／编著

人民出版社

目 录

总　序　弘扬中华优秀传统文化　培育和
　　　　践行社会主义核心价值观……………李长喜 1

第一章　原始社会至夏商西周时期的民本思想………… 1
　第一节　古代神话传说中的民本故事…………… 2
　第二节　夏商时期的民本思想…………………… 13
　第三节　西周时期的民本思想…………………… 35

第二章　先秦时期的民本思想…………………………… 50
　第一节　孔子的民本思想………………………… 52
　第二节　孟子、荀子的民本思想………………… 64
　第三节　老子、庄子的民本思想………………… 82
　第四节　墨子、杨朱、韩非的民本思想………… 101

第三章　秦汉魏晋南北朝时期的民本思想……………… 128

第一节　陆贾的民本思想……………………… 132
第二节　贾谊的民本思想……………………… 141
第三节　董仲舒的民本思想…………………… 151
第四节　司马迁和《史记》里的民本思想…… 161

第四章　唐宋元明清的民本思想……………… 178
第一节　唐太宗的民本思想…………………… 178
第二节　韩愈、柳宗元的民本思想…………… 185
第三节　宋代的民本思想……………………… 206
第四节　明清时期的民本思想………………… 228

第五章　中国共产党的民本思想形成过程和
　　　　　深刻内涵……………………………… 272
第一节　近代以来民本思想基础……………… 273
第二节　毛泽东思想中的民本思想和
　　　　　群众路线………………………… 287
第三节　中国特色社会主义的群众路线……… 299
第四节　党的十八大以来的民本思想和
　　　　　群众路线………………………… 317

跋 ……………………………………………………… 338

总　序
弘扬中华优秀传统文化
培育和践行社会主义核心价值观

读书学习，是领导干部加强党性修养、坚定理想信念、提升精神境界、涵养高雅情趣的重要途径。习近平同志高度重视领导干部的学习问题。他用古典名句"学者非必为仕，而仕者必为学"来说明，读书人不一定都要当领导干部，而担任领导职务的干部必须坚持读书学习。对学习采取什么态度和应该学习什么内容，习近平同志都有明确要求：领导干部要爱读书、读好书、善读书。真正把读书学习当成一种生活态度、一种工作责任、一种精神追求。要读好马克思主义理论著作、工作必需的各种知识书籍、优秀传统文化书籍。

习近平同志很重视学习和弘扬中华优秀传统文化。他指出，要通过研读优秀传统文化书籍，吸收前人在修身处事、治国理政等方面的智慧和经验，养浩然正气，塑高尚人格，不断提高人文素质和精神境界。对于先人传承下来的文化，要坚持古为今用、推陈出新，有鉴别地加以对待，有扬弃地予以继承，努力做到创造性转化，创新性发展。

党的十八大报告指出："倡导富强、民主、文明、和谐，倡导自由、平等、公正、法治，倡导爱国、敬业、诚信、友善，积极培育和践行社会主义核心价值观。"这里用"三个倡导"、24个字，科学地概括了我国社会主义核心价值观的内涵，明确了国家发展目标，彰显了社会核心理念，确立了公民基本道德，体现了社会主义核心价值体系的本质要求。

培育和践行社会主义核心价值观，必须把行政管理的硬手段和文化管理的软实力结合起来。行政管理的硬手段就是使国家的法律法规、方针政策和各单位制定的制度纪律、计划措施等体现社会主义核心价值观的要求，用这种办法见效快，但时效短。必须经常讲任务，提要求，不断监督检查。所以单靠行政管理硬手段的办法还不行，还必须同时发挥文化软实力的作用。

文化软实力就是管理的软要素，包括优秀的文化传统、高尚的道德理念、良好的价值观念以及单位形象、行为准则、道德规范、好习惯好作风等。人们在这样的优良软环境里，通过精神引导、心理暗示、潜移默化地使心灵得到洗礼，在不知不觉中使道德素质和思想境界得到提高，不论在什么时候、做什么事情，都会显示出强大的精神力量。用这种软要素即文化软实力的管理办法，虽然见效比较慢，但时效长。企业文化建设、社区文化建设、校园文化建设和机关文化建设，就是优化和提升管理的软要素即增强文化软实力。一位现代管理企业家说过："对于企业的发展，一个好点子可以管几个月，一个好战略可以管几年，而一个好的企业文化可以使企业长久不衰。"中华优秀传统文化是最大的文化软实力。用弘扬中华优秀传统文化的办法培育和践行社会主义核心价值观可以起到长效作用。

习近平同志指出："培育和弘扬社会主义核心价值观必须立足中华优秀传统文化。牢固的核心价值观，都有其固有的根本。抛弃传统，丢掉根本，就等于割断了自己的精神命脉。""深入挖掘和阐发中华优秀传统文化讲仁爱、重民本、守诚信、崇正义、尚和合、求大同的时代价值，使中华优秀传统文化成为涵养社会主义核心价值观的重要源泉。"

根据习近平同志的重要论述，中国国学文化艺术中心组织编著了一套"党政干部传统文化学习丛书"，包括《讲仁爱》《重民本》《守诚信》《崇正义》《尚和合》《求大同》等六册。选取相关的古文语录、经典名句、诗词或诗句等古代原文；用通俗易懂的语言译成白话文，对于与原文有关的背景和典故进行必要的解释；联系实际，古为今用，以古鉴今，深入挖掘和阐发古代原文对于解决当前问题的时代价值和现实意义，着力论述对于培育和践行社会主义核心价值观的借鉴意义和精神力量。

我们力求使这套丛书成为各级党政干部和有自学阅读能力的人们愿意读、读得懂、易践行的通俗读物，对培育和践行社会主义核心价值观起到积极的长效作用，也企盼读者提出宝贵意见。

李长喜

2016 年 10 月

第一章
原始社会至夏商西周时期的民本思想

古代神话是人类文明的摇篮，凝聚在神和英雄身上的精神是人类全部精神的起源，也是人类对自己的认识。中国古代神话寄寓了中国先民早期的精神追求、理想追求和价值追求，蕴含着中华民族早期的民本思想，是中华文化的源头。夏商周时期的中国处于由原始部落向奴隶社会、封建社会的转型，其文化标志之一是早期思想的萌芽和形成，重民思想则是最大的成果之一，到西周末年，中国古代民本思想的基本框架、主要内涵、基本特征和实践特点基本成熟。从遗存经典看，西周以来的民本思想都不过是进一步丰富、完善、补充罢了，很少有开创性思想产生。因此，整理、珍视、继承这一时期的民本思想，是解读中华民族民本思想的第一把钥匙和文化密码。

第一节 古代神话传说中的民本故事

目前发现的人类最早的文字，是关于神的故事记载。神话，成为人类文明的起源。马克思指出，神话是在人民的幻想中经过不自觉的艺术方式加工过的自然界和社会形态，"任何神话都是用想象和借助想象以征服自然力，支配自然力，把自然力加以形象化。"恩格斯指出，神话是自然现象、对自然的斗争，以及社会生活在广大的艺术概括中的反映。这些论断指出了神话的本质。

神话产生于现实，又是对现实高度的艺术概括，决定了神话与现实生活有着紧密的关联，是先民劳动过程和成长状态的神化反映，神的意志、心理、情感和行为，都是凡世的一一映射，因而神话具有一定的现实性，它既有将万物神格化，也有将万物人格化或者拟人化的特点，即神化人和人化神。在这一过程中，神话被赋予了一定的精神和思想，包括早期民本思想的萌芽。

中国神话传说和民间故事产生于上古时期，距今至少有 5000 年的历史。它是中国古代先民对自然、对自身认识的体现,是将自然现象和客观世界的神格化、形象化、故事化的产物。中国古代神话大多散见于《山海经》《太平御览》《淮南子》《搜神记》《逍遥游》《楚辞》《史记》等作品中,许多经典文学作品中也蕴藏着丰富的神话故事和民间传说。盘古开天辟地、盘古化生万物、女娲造人、女娲补天、燧人钻木取火、伏羲氏画卦结网、神农氏鞭百草、后稷教民稼穑、仓颉造字、嫘祖养蚕、高元作室、夸父追日、精卫填海、后羿射日、鲧禹治水等神话传说和民间故事,口口相传或文字传承了几千年,蕴含了丰富的人文精神和民本思想。

中国古代民本思想滥觞于原始社会后期,一些氏族部落首领为了维护氏族部落整体利益,维护自身的特权地位,不得不考虑部落普通成员和底层成员的诉求,作出某种妥协,并渐渐提升为一种统治方式和理念。在人际关系、社会关系不断调整、不断形成的过程中,人们口口相传地创造了先王们和英雄们的神话传说故事,塑造了他们"抚万民,度四方",为民利民救民的形象。这是人道意识和民本意识的萌生期。

盘古化生万物

【原文】

首生盘古,垂死化身。气成风云,声为雷霆。左眼为日,右眼为月,四肢五体为四极五岳,血液为江河,筋脉为地理,肌肤为田土,发髭为星辰,皮毛为草木,齿骨为金石,精髓为珠玉,汗流为雨泽,身之诸虫,因风所感,化为黎甿。

(《绎史》卷一引《五运历年纪》)

【释义】

开天辟地时诞生的盘古,在临近死亡时,把身体作了化解。他呼出的气化成了风和云,发出的声音化作了隆隆的雷霆;他的左眼变成了太阳,右眼变成了月亮,他的四肢化作了大地上的东、西、南、北四极和五座高山;他的血液变成了江河,筋脉变成了山川道路,肌肤变成了田地土壤;他的头发和胡须化作星辰,皮毛化作草木,牙齿和骨头化作金石,精髓化作珠石,流出的汗变成了甘霖和水泽;身上的各种小虫子被风一吹,化作了黎民百姓。

黄 帝

【原文】

黄帝者，少典之子，姓公孙，名曰轩辕。生而神灵，弱而能言，幼而徇齐，长而敦敏，成而聪明。轩辕之时，神农氏世衰。诸侯相侵伐，暴虐百姓，而神农氏弗能征。于是轩辕乃习用干戈，以征不享，诸侯咸来宾从。而蚩尤最为暴，莫能伐。炎帝欲侵陵诸侯，诸侯咸归轩辕。轩辕乃修德振兵，治五气，艺五种，抚万民，度四方，教熊罴貔貅䝙虎，以与炎帝战于阪泉之野。三战，然后得其志。蚩尤作乱，不用帝命。于是黄帝乃征师诸侯，与蚩尤战于涿鹿之野，遂禽杀蚩尤。而诸侯咸尊轩辕为天子，代神农氏，是为黄帝。天下有不顺者，黄帝从而征之，平者去之，披山通道，未尝宁居。

(《史记·五帝本纪第一》)

【释义】

黄帝，是少典之子，姓公孙，名叫轩辕。他一生下来就很有灵性，弱小时就会说话，幼年时敏捷聪慧，长大后诚实灵敏，成年以后见识广博、思想敏锐。轩辕时期，神农氏部落走向衰败，诸侯之间互相攻战，残害百姓，而神农氏没有力量征讨他们。于是轩辕就习兵练武，去征讨那些不来朝贡的诸侯，各诸侯都来归从。而蚩尤在各诸侯中最为凶暴，没有人能征讨他。炎帝想欺负诸侯，诸侯便都来归顺轩辕。轩辕于是修行德业，整顿兵力，研究四时节气变化，种植五谷，安抚民众，丈量四方的土地，训练熊、罴、貔、貅、䝙、虎等猛兽，跟炎帝在阪泉的郊野作战，打了几仗才征服炎帝，如愿得胜。蚩尤发动叛乱，不听从黄帝之命。于是黄帝征调诸侯的军队，在涿鹿郊野与蚩尤作战，终于擒获并杀死了他。这样，诸侯都尊奉轩辕做天子，取代了神农氏，这就是黄帝。天下有不归顺的，黄帝就前去征讨，平定一个地方之后就离去，一路上劈山开道，从来没有安宁地居住过。

女娲补天

【原文】

往古之时，四极废，九州裂，天不兼覆，地不周载。火爁焱而不灭，水浩洋而不息。猛兽食颛民，鸷鸟攫老弱。于是女娲炼五色石以补苍天，断鳌足以立四极，杀黑龙以济冀州，积芦灰以止淫水。苍天补，四极正,淫水涸,冀州平,狡虫死,颛民生。

(《淮南子·览冥训》)

【释义】

以往古代的时候,支撑天的四根柱子折断了,大地陷裂;天不能完全覆盖万物,地不能完全承载万物。烈火炎炎燃烧不灭,洪水浩浩泛滥不止。猛兽吞噬善良的人们,凶鸟撕吃老弱的人们。于是,女娲炼出了五色石来补苍天,她斩断鳌的四只脚来支撑四根天柱,杀掉制造洪灾的黑龙来拯救冀州,收集芦苇的灰烬来抵御洪水。苍天得以修复,四个天柱得以正立,洪水得以干涸,冀州得以太平。狡诈凶残的鸟兽都死了,善良的人们得以生存。

后羿射日

【原文】

帝俊赐羿彤弓素矰,以扶下国,羿是始去恤下地之百艰。

(《山海经·海内经》)

逮至尧之时,十日并出,焦禾稼,杀草木,而民无所食。猰貐、凿齿、九婴、大风、封豨、修蛇皆为民害。尧乃使羿诛凿齿于畴华之野，杀九婴于凶水之上，缴大风于青丘之泽，上射十日而下杀猰貐，断修蛇于洞庭，擒封豨于桑林。万民皆喜。置尧以为天子。

（《淮南子·本经训》）

【释义】

帝俊赐给后羿红色的弓和系着白绳的箭，用来帮助凡间的人们。后羿从此开始去体恤和接济民间的百味艰难。

到了尧统治的时候，天上有十个太阳一同出来，晒焦了庄稼，烤死了草木，老百姓没有了吃的东西。"猰貐""凿齿""九婴""大风""封豨""修蛇"等成为老百姓的祸害。尧于是派出后羿，在南方的泽地畴华杀死了"凿齿"，在北方的大河凶水上杀死了"九婴"，在东方的大湖青丘用系着丝绳的箭射杀了"大风"，向天上射杀十个太阳，在地上杀死了"猰貐"，在洞庭湖砍断了长蟒，在中原的桑林擒获了"封豨"。于是老百姓都很高兴，拥立尧为天子。

帝 尧

【原文】

曰若稽古，帝尧曰放勋。钦明文思安安，允恭克让，光被四表，格于上下。克明俊德，以亲九族。九族既睦，平章百姓。百姓昭明，协和万邦。黎民于变时雍。

乃命羲和，钦若昊天，历象日月星辰，敬授民时。分命羲仲，宅嵎夷，曰旸谷。寅宾出日，平秩东作。日中，星鸟，以殷仲春。厥民析，鸟兽孳尾。申命羲叔，宅南交，曰明都。平秩南讹，敬致。日永，星火，以正仲夏。厥民因，鸟兽希革。分命和仲，宅西，曰昧谷。寅饯纳日，平秩西成。宵中，星虚，以殷仲秋。厥民夷，鸟兽毛毨。申命和叔，宅朔方，曰幽都。平在朔易，日短，星昴，以正仲冬。厥民隩，鸟兽氄毛。

帝曰："咨！汝羲暨和。期三百有六旬有六日，以闰月定四时，成岁。允厘百工，庶绩咸熙。"

(《尚书·帝尧》)[1]

---

[1] 《尚书》，王世舜、王翠叶译注，中华书局2012年版，第5页。

【释义】

考察古代的传说，帝尧的名字叫放勋。他处理公务恭敬严谨，明察是非，态度温和，考虑问题周到，忠于职守，能够推贤让能，因此他的光辉普照四方，以至天上地下。他能够明察推举有德有才的人，使族人亲密团结。族人和睦了，又明察和表彰有善行的百官。百官处理公务妥当了，又努力协调各部落和谐相处。臣民于是变得和谐和睦了。

于是命令羲氏与和氏，恭敬地遵循上天的旨意行事，根据日月星辰的运行规律制定历法，恭敬地教育民众按天时生产生活。又命令羲仲，居住在东方的旸谷，恭敬地迎接日出，并观测太阳运行的时刻规律。以昼夜平分的那一天作为春分，以星宿确定仲春时节。此时民众就分布在田野里劳作，鸟兽也开始生育繁殖了。又命令羲叔，住在南方的交趾，这个地方叫明都。测定太阳往南运行的情况，恭敬地等候太阳的归来。白昼时间最长的那一天定为夏至，火星出现在南方正中的那一天定为仲夏。这时，民众择高处而居，鸟兽的羽毛变得稀疏了。又命令和仲住在西方的昧谷，恭敬地送别落日，测定太阳西落的情况，确定秋收的事务。昼夜长短相等时是秋分，虚星出现在南方正中的那一天为仲秋。这时，民众又回到平地居住，鸟兽也换新的羽毛了。又命令和叔，住在北方的幽都，观察太阳往北运行情况。白昼时间最短那天叫冬至，昴星出现在南方正中那天为仲冬。这时，人们住进室内，鸟兽长出柔软浓密的细毛。

尧说："啊，你们羲氏与和氏，希望你们以三百六十六天为一个周期，用闰月来定四季，这样组成一年。由此明确百官的职守，于是许多事情就可以顺利进行了。"

【导读】

神话是历史的反映。中国古代神话在发展过程中，出现了一种历史化的倾向，即神话逐步被改造，超现实主义色彩渐渐减弱，现实主义色彩渐渐浓厚，"神味"变得越来越有"人味"，最终把一些有来源的神话演化成了有根据的历史，变成各民族历史的起源，这是中国古代神话的显著特点。把神话中的神，史化为人类的祖先，再进行神化，加以膜拜。神话传说中的炎帝、黄帝、尧、舜、鲧、禹等被后世供奉，他们的英雄壮举、为民情怀和创业精神世代相传。帝尧曾言："吾存心于千古，加志于穷民。痛万姓之罹罪，忧众生之不遂也。"尧这种痛天下万民之痛、忧天下万民之忧的民本情怀，也成了后世帝王百官的民本思想。史化神话和神化史话的结果，使神与人的界限逐渐模糊和融合。神人合一，反映了中国古代先民对神明的崇拜，对人类起源的模糊认识和不可知，也反映了人类对自身力量的某种自信。鲧的剖腹生禹，实质上是完成了人类历史从神话到史话过渡的过程。从夏禹开始，中华民族原始社会结束，进入第一个具有国家政权机构特征的社会。

在这个过渡中，中华民族远古时期的一些思想萌芽开始被发现、放大、整理和运用、推崇。上古神话和传说中的这些经典，无论是创世神话、洪水神话，还是民族起源神话、文化起源神话、部族战争神话，或者自然神话、英雄神话，都以其丰富而深刻的思想，成为中华各民族全部精神和意志的发祥，是中国思想文化的萌芽，所体现的民本思想内涵，为后世民本思想的形成与丰富提供了充足的养分。

第二节 夏商时期的民本思想

夏是中国历史上第一个奴隶制的中央王朝,也是第一个天下一统、天下共主的时期。夏的一统与治水密切相关,治水是当时最大的国计民生。夏朝的建立者是禹和他的儿子启,禹是原始社会末期夏部落的首领,是鲧的儿子,继其父治水而有功,受舜帝的禅让而登上帝位。夏朝的诸多思想源自尧舜,因此继承和发扬尧舜的思想成为夏朝政治文化的主流和主体。夏朝的政治文化,尤其是民本思想起源,主要是尧、舜、禹和皋陶的思想、观念。皋陶是尧、舜时期和夏朝初期的一位贤臣,传说是掌管刑法的"理官",是中国司法的鼻祖,与尧、舜、禹一同被列为"上古四圣",东汉时期的王充在《论衡》中称,"五帝、三王、皋陶、孔子,人之圣也。"

商朝是中国历史上第二个奴隶制王朝。在甲骨文中的"民"与"众"是相近的,《说文解字》中注:"民,众氓。"汤是商代第一个国君。桀是夏朝最后一个国君,也是一个残暴之君。桀的统治激起民众的强烈反抗。商汤发起对夏桀的战争,从而建立起殷商王朝。《汤誓》是汤发动灭夏之战的动员令。纵观商朝六百年历史,是中国历史上最长久、最完整的王朝,之所以能历时如此之长,与商朝奉天敬民的民本思想密切相关,最后政权亡于纣,也与丧失民心密不可分。

敬敷五教,惟明克允

【原文】

帝曰:"弃,黎民阻饥,汝后稷,播时百谷。"

帝曰:"契,百姓不亲,五品不逊。汝作司徒,敬敷五教,在宽。"

帝曰:"皋陶,蛮夷猾夏,寇贼奸宄。汝作士,五刑有服,五服三就。五流有宅,五宅三居。惟明克允。"

(《尚书·尧典》)①

【释义】

舜帝说:"弃啊,民众在忍饥挨饿,你主持农业,

---

① 《尚书》,王世舜、王翠叶译注,中华书局2013年版,第25页。

教导百姓种植庄稼吧!"

舜帝说:"契啊,百姓不和睦,君臣、父子、夫妇、长幼、朋友之间等五个方面关系不和谐,你做司徒吧,恭敬地教化他们遵守这五个方面的伦理,同时要注意本着宽厚的原则。"

舜帝说:"皋陶啊,蛮夷外族侵扰我们夏族,杀人抢劫,造成外患内乱。你做狱官之长吧,用墨、劓、剕、宫、大辟五种刑罚来治理,这五种刑罚可以在朝、野、市三种场合使用。把犯罪的人分五种情形流放居住,五种居住也要按远、中、近三种情形分开。而且要明察案情,处理公平。"

八音克谐,神人以和

【原文】

帝曰:"夔!命汝典乐,教胄子,直而温,宽而栗,刚而无虐,简而无傲。诗言志,歌永言,声依永,律和声。八音克谐,无相夺伦,神人以和。"夔曰:"於!予击石拊石,百兽率舞。"

(《尚书·尧典》)①

---

① 《尚书》,王世舜、王翠叶译注,中华书局2013年版,第28页。

【释义】

舜帝说:"夔啊!命令你主持乐官,教导年轻人,使他们正直而温和,宽宏而谨慎,刚毅而不暴虐,简朴而不傲慢。诗是表达思想感情的,歌是用唱来表达的语言,歌声要依据所表达的思想,音律要符合所歌唱的声调。多种乐器发出的声音要能够调和,不使它们互相干扰,就能达到神和人都感到和谐的境界了。"夔说:"好啊!我愿意敲击石磬以奏乐,让百兽都舞起来。"

九 德

【原文】

皋陶曰:"都!亦行有九德。亦言其人有德,乃言曰,载采采。"禹曰:"何?"皋陶曰:"宽而栗,柔而立,愿而恭,乱而敬,扰而毅,直而温,简而廉,刚而塞,强而义。彰厥有常吉哉!"

(《尚书·皋陶谟》)①

【释义】

皋陶说:"啊!大凡人有九种品德。如果说一个

---

① 《尚书》,王世舜、王翠叶译注,中华书局2013年版,第35页。

人有品德,是要举出许多事例的。"禹说:"是哪九德呢?"皋陶说:"宽容豁达而又严肃恭谨,性情温顺而又有主见,谦逊虚心而又庄重严肃,富有才干而又办事认真,善听意见而又刚毅果断,行为正直而又态度温和,洒脱旷达而又注重小节,性情刚直而又实事求是,坚强勇敢而又合乎道义。能在自己的行为中表现出这九种品德,就会永远吉祥啊。"

达于上下,敬哉有土

【原文】

天聪明,自我民聪明。天明畏,自我民明威。达于上下,敬哉有土。

(《尚书·皋陶谟》)①

【释义】

上天耳聪目明,是因为从我们民众中听到和看到客观事物。上天行赏惩罚,是根据我们民众的意志来表达的。上天与下民之间通达顺畅,敬业守业,江山国土才能保持长久。

---

① 《尚书》,王世舜、王翠叶译注,中华书局2013年版,第39页。

德惟善政，政在养民

【原文】

禹曰：德惟善政，政在养民。水、火、金、木、土、谷，惟修；正德、利用、厚生，惟和。九功惟叙，九叙惟歌。戒之用休，董之用威，劝之以九歌，俾勿坏。

（《尚书·大禹谟》）[1]

【释义】

大禹说：德政就是最好的政治，而最好的政治在于让老百姓生活得美好。水、火、金、木、土、谷六件事，都要做好；端正德行、物尽其用、厚待民众这三件事要和谐处理好。这九件事办理得有条不紊，老百姓就会歌颂帝王。用美好来规劝民众，用严罚来监督民众，用九歌来勉励民众，这样驾驭老百姓就可以不让他们变坏。

---

[1] 《尚书》，王世舜、王翠叶译注，中华书局2013年版，第355页。

临下以简，御众以宽

【原文】

皋陶曰：帝德罔愆。临下以简，御众以宽；罚弗及嗣，赏延于世；宥过无大，刑故无小；罪疑惟轻，功疑惟重；与其杀不辜，宁失不经。好生之德，洽于民心，兹用不犯于有司。

(《尚书·大禹谟》)①

【释义】

皋陶（对舜帝）说：您的大德是没有谬误过失的。对待下属简约，对待百姓宽容；刑罚不连累子孙，奖赏却延续到后代；过失犯罪不论罪有多大都可以得到宽宥，故意犯罪不论罪多小都要追究；罪责追究存在疑虑时，宁可从轻处理，论功行赏无法确定时，宁可从重奖赏；与其误杀无罪的人，不如失职放过不遵守常法的人。爱惜民众生命的美德，符合民心，因此民众就不会触犯刑法。

---

① 《尚书》，王世舜、王翠叶译注，中华书局 2013 年版，第 357 页。

无稽之言勿听，弗询之谋勿庸

【原文】

无稽之言勿听，弗询之谋勿庸。可爱非君？可畏非民？众非元后，何戴？后非众，罔与守邦？钦哉！慎乃有位，敬修其可愿。四海困穷，天禄永终。惟口出好兴戎，朕言不再。

(《尚书·大禹谟》)①

【释义】

没有根据的话不要听信，没有征求过民众意见的谋划不要采用。应当爱戴的不是君主吗？应当敬畏的不是民众吗？除了君王，民众还拥戴谁？除了民众，君王还能跟谁一同守护国家？恭敬小心吧！慎重对待你的王位，认真去满足民众的意愿。如果四海臣民都穷困潦倒，上天给你的福禄就结束了。发布的政令一定要好，否则要引起战争。我的话不重复了。

---

① 《尚书》，王世舜、王翠叶译注，中华书局2013年版，第362页。

民可近，不可下

【原文】

皇祖有训：民可近，不可下。民惟邦本，本固邦宁。予视天下，愚夫愚妇一能胜予。一人三失，怨岂在明？不见是图。予临兆民，懔乎若朽索之驭六马；为人上者，奈何不敬？

（《尚书·五子之歌》）

【释义】

伟大的祖先（大禹）曾有明训：民众只可以亲近而不可以疏远。民众是国家的根本，根本牢固国家才安宁。我观天下，愚夫愚妇都能超过我。一个人有多次失误，体察民怨难道要等到它暴露吗？应该在还没有显现的时候就要考虑如何应对。我治理亿万民众，恐惧得像用腐坏的绳子套着六匹马在奔驰一样；作为民众之上的君王，怎么能不敬重谨慎呢？

甘　誓

【原文】

大战于甘，乃召六卿。王曰："嗟！六事之人，予誓告汝：有扈氏威侮五行，怠弃三正。天用剿绝其命，今予惟恭行天之罚。"

(《尚书·甘誓》)①

【释义】

夏王启将要在甘进行一场大战，召集了六军的将领。启说："啊！六军的将士们，我向你们发出命令：有扈氏轻侮地违反天意，轻视金木水火土的自然规律，阻碍了社会发展规律，怠慢甚至抛弃了天、地、人之正道。上天因此要剿灭废弃他们的国运，现在我只有奉行上天的意志对他们进行惩罚。"

汤　誓

【原文】

当是时，夏桀为虐政淫荒，而诸侯昆吾氏为乱。汤乃兴师率诸侯，伊尹从汤，汤自把钺以伐昆吾，遂伐桀。汤曰："格女众庶，来，女悉听朕言。匪台小子敢行举乱，有夏多罪，予维闻女众言，夏氏有罪。予畏上帝，不敢不正。今夏多罪，天命殛之。今女有

---

① 《尚书》，王世舜、王翠叶译注，中华书局2013年版，第92页。

众,女曰:'我君不恤我众,舍我穑事而割政。'女其曰:'有罪,其奈何?'夏王率止众力,率夺夏国。有众率怠不和,曰:'是日何时丧?予与女皆亡!'夏德若兹,今朕必往。尔尚及予一人致天之罚,予其大理女。女毋不信,朕不食言。女不从誓言,予则帑僇女,无有攸赦。"

(《史记·殷本纪第三》)①

【释义】

那个时候,夏朝的君王桀为政荒淫暴虐,同时昆吾部落作乱。商汤率领众部落诸侯伐夏,伊尹跟随汤出征,汤亲自持钺与昆吾战斗,打败昆吾之后就伐桀。汤说:"来吧,你们众人要听我的话。不是我个人敢于兴兵作乱,是因为夏桀犯下了很多的罪行。我听到你们说了一些抱怨的话,可是夏桀有罪啊。我敬畏上天,不敢不去讨伐。现在夏桀犯下了那么多的罪行,上天命令我去灭掉他。现在你们众人说:'我们的国君不体恤我们,抛开我们的农事不管,却要去征伐打仗。'你们或许还会问:'夏桀有罪,又怎么样?'

---

① (汉) 司马迁撰:《史记》卷三殷本纪第三,中华书局2013年版,第124页。

夏桀君臣相率阻碍民众力量,相率争夺夏国的财富。民众都相率消极怠工,不跟他配合。他们说:'夏桀什么时候灭亡,我宁愿和你一起灭亡!'夏王的德行已经到这种地步,现在我一定要去讨伐他!希望你们和我一起来奉行上天降下的惩罚,我会重重地奖赏你们。你们不要怀疑,我绝不会说话不算数。如果你们违抗我的誓言,我就要惩罚你们,概不宽赦!"

有条不紊

【原文】

若网在纲,有条而不紊。若农服田力穑,乃亦有秋。汝克黜乃心,施实德于民,至于婚友,丕乃敢大言,汝有积德。乃不畏戎毒于远迩,惰农自安,不昏作劳,不服田亩,越其罔有黍稷。

(《尚书·商书·盘庚》)①

【释义】

就像结网,只有把结在纲上,才能有条理而不会紊乱。就像农民,只有努力在田间耕作、收获,秋天

---

① 《尚书》,王世舜、王翠叶译注,中华书局2013年版,第106页。

才会有好的收成。如果你们能克制自己的私心，把真正的实惠给老百姓，以至你的亲戚朋友，才敢大言不惭地说，你们是有积德的！如果你们不怕为害远近的臣民，安于做一介懒惰的农夫，不努力劳作，不从事田间的劳动，就不会收获黍稷。

若火燎原　不可向迩

【原文】

汝不和吉言于百姓，惟汝自生毒，乃败祸奸宄，以自灾于厥身。乃既先恶于民，乃奉其恫，汝悔身何及！相时憸民，犹胥顾于箴言，其发有逸口，矧予制乃短长之命！汝曷弗告朕而胥动以浮言？恐沉于众，若火之燎于原，不可向迩，其犹可扑灭。则惟汝众自作弗靖，非予有咎！

（《尚书·商书·盘庚》）①

【释义】

你们不向老百姓传达我的吉语良言，这是自生祸害，祸害奸邪之举，是自己害自己。既然你们已经先

---

① 《尚书》，王世舜、王翠叶译注，中华书局2013年版，第107页。

引导民众做了坏事，就必须承受那些痛苦，你们自己后悔怎么来得及？你们看看那些小人物们吧，他们还顾及我的训诫，生怕说错话，何况我还掌握着你们的生杀大权呢！你们为什么有话不告诉我，却用那些无稽之谈蛊惑人民呢？在民众中造成的影响，就像大火在原野上燃烧一样，不能走近，还能够扑灭吗？这是你们自己做了不好的事情造成的，不是我有过错！

安定厥邦

【原文】

　　明听朕言，无荒失朕命。呜呼！古我先后，罔不惟民之承。保后胥戚，鲜以不浮于天时。殷降大虐，先王不怀厥攸作，视民利用迁。汝曷弗念我古后之闻？承汝俾汝，惟喜康共，非汝有咎比于罚。予若吁怀兹新邑，亦惟汝故，以丕从厥志。今予将试以汝迁，安定厥邦。汝不忧朕心之攸困，乃咸大不宣乃心，钦念以忱，动予一人。尔惟自鞠自苦，若乘舟，汝弗济，臭厥载。尔忱不属，惟胥以沉。不其或稽，自怒曷瘳？汝不谋长以思乃灾，汝诞劝忧。今其有今罔后，汝何生在上？

（《尚书·商书·盘庚》）

【释义】

你们要听清楚我的话，不要轻视我的命令。啊！从前我的先王，没有不顺承民众的。君臣都有忧患意识，所以没有被天灾所惩罚。从前，有大灾降临时，先王没有安于已有的作为，而是根据民众的利益去搬迁。你们为什么不想想我们先王的这些传闻呢？我现在顺从你们的意志，遵从你们的心愿，是希望你们能共享安康，而不是由于你们有罪过要惩罚你们。我如此吁请你们安心于这个新都，也是为了你们的缘故，大大地遵从你们的心愿。现在我要带领你们迁移过去，使国家安定。你们不体谅我的难处，完全不向我坦露你们的心声，我的想法如此热忱，但只有我一人是这样想的。你们这是自寻末路、自找苦吃，就像坐在船上，你们不渡河，等着船腐烂。你们热衷于不齐心协力，那就只好一起沉下去。你们不查找其原因，自己恼怒有什么益处呢？你们不思考如何应对这些灾害作长远打算，还虚妄地劝我不必担忧。你们现在这样只顾今天而不管明天地生活着，还怎么能生活在这个世上呢？

永肩一心

【原文】

朕不肩好货,敢恭生生。鞠人谋人之保居,叙钦。今我既羞告尔于朕志若否,罔有弗钦。无总于货宝,生生自庸,式敷民德,永肩一心。

(《尚书·商书·盘庚》)

【释义】

我不会任用那些贪财敛货之人,只任用那些为臣民而尽力谋利的人。凡是那些为人谋利益、安其居者,我将依据他们的贡献大小礼敬他们。我现在把我内心正反两方面的想法告诉你们了,不要不遵从了。不要总是贪恋财宝了,要为开发民生而努力,施行德政,永远同心。

德惟治,丕德乱

【原文】

伊尹申诰于王曰:呜呼!惟天无亲,克敬惟亲。民罔常怀,怀于有仁。鬼神无常享,享于克诚。天位艰哉!德惟治,丕德乱。与治同道,罔不兴;与乱同事，罔不亡。终始慎厥与，惟明明后。先王惟时懋敬厥德，克配上帝。今王嗣有令绪，尚监兹哉。若升高，必自下，若陟遐，必自迩。无轻民事，惟难；无安厥位，惟危。慎终于始。有言逆于汝心，必求诸道；有言逊于汝志，必求诸非道。呜呼！弗虑胡获？弗为胡成？一人元良，万邦以贞。君罔以辩言乱旧政，臣罔以宠利居成功，邦其永孚于休。

(《尚书·商书·太甲下》)①

【释义】

伊尹又一次告诫君王太甲说：哎呀！上天没有特别偏爱的人，但对能够为人处世很恭敬的人很亲近。民众不会永远感戴谁，而对有仁有德的君主心怀感念。鬼神不会固定享受谁的祭祀，只享受那些诚实人的敬奉。要保持天子的高位不是容易的事啊！只有实行德政，才能天下大治，不实行德政，就会天下大乱。与天下大治走相同道路的，没有不兴盛的；与天下大乱一个管理办法的，没有不灭亡的。善始善终小心恭谨的君王，是英明的君主。先王是那样勤勉恭敬

---

① 《尚书》，王世舜、王翠叶译注，中华书局2013年版，第405页。

地修养自己的德行，才能够与上帝的要求相符。现在，王您有很好的传统，还需要借鉴遵从啊。如果登高，一定要从低处开始；如果行远，一定要从近处开始。不要轻视民众的事务，它是有难处的；不要安逸于君位，它是有危机的。慎终要从开头做起。有些话不顺你的心意，但一定要从道义角度来考虑；有些话顺了你的心意，但一定要从不道义角度来考虑。哎呀！不思考怎能有收获？不行动怎么会成功？君王大善大德，天下以你为君。君王不要使用巧辩之术而扰乱先王的治国理政之道，臣民不要凭因君王的宠信、利禄而居功自傲。这样，国家将永久美好。

【导读】

中国先民的民本思想产生于母系氏族社会的农业生产过程中，在恶劣的生存生产条件下，关心氏族公社每一位成员，是氏族公社首领的天职。到了尧舜禹所在的父系社会，这些部落首领亲自从事劳作生产，因而对民生、民意、民众有更加深切的感受。

夏朝存在于约公元前21世纪—约前16世纪，历时470年左右，是一个多个部落组成的联盟。夏朝的初创者是大禹。大禹在治水的过程中，走遍天下，亲临民众，了解民意，对民众有深切的体悟。他还将九州按土壤颜色、赋税等级、贡物等级划分为三等九类。在创立夏朝过程中，大禹将东边的夷、南边的苗、西边的羌、北边的犬戎联系起来，促进了生产、交流、团结。大禹死后，传位于儿子启。"夏禹传子"结束了原始部落时期唐尧让位于虞舜、虞舜让位于夏禹的禅让制，创立了在中国延续了近四千年的世袭制度。

一般认为，夏朝是中国古代民本思想的滥觞期。夏王朝的故事，多与民生相关。夏王启的儿子、大禹之孙太康在位时喜好田猎，不理朝政，漠视民众，激起朝野上下的不满。大臣羿趁机起兵反对太康，把守洛水北岸，不让太康回都，将其逐出国门。太康的五个弟弟护佑着母亲，在洛水边等候太康达一百多天。五位公子以诗表达了对哥哥太康不理朝政、不亲民众行为的怨恨和批评。这首诗歌便是收入《尚书》中的《五子之歌》，其中的"民可近，不可下""民惟邦本，本固邦宁"等诗句，成为夏朝以来经典的民本思想，为历代君王所敬奉尊崇。

夏王朝民本思想的历史贡献，一是体现在以人为本，而不是以神为本；二是体现在以民为本，而不是以君为本；三是天意服从民意；四是君王为政之要是"安民""保民""敬民"。君王所做的工作，正如皋陶所说，"在知人，在安民"；如大禹所说，"知人则哲，能官人；安民则惠，黎民怀之。"

殷商存在于约公元前1600—约前1046年，享朝600年左右，是中国历史上的第二个朝代，也是中国第一个有直接文字考证的王朝。商本是夏朝的一个诸侯国，商的部落首领是成汤，由于夏朝王桀荒淫无度，不理民生，导致国家动荡、民怨鼎沸。商汤遂率诸侯国一举灭夏，在亳（今河南商丘）建立商朝。之后，商朝频繁迁都，及至盘庚迁殷（今河南安阳）后，国都方安定下来。末代君王商纣骄奢淫逸，酒池肉林，连年征战导致民不聊生，又以酷刑对付民众，渐渐失去民心。牧野之战，商纣王被周武王击败，自焚而亡。

商朝先后经历先商、早商、晚商三个时期。商朝的民本思想，主要集中在商汤、盘庚、武丁三位君王的言行中。

汤是商朝第一个国君，由于夏桀的残暴统治，夏朝早已如风烛残年摇摇欲坠。商汤抓住有利时机，发起了灭夏之战。《汤誓》是商汤发起战争的动员令，他说："夏氏有罪"，我害怕上帝发怒，不敢不讨伐夏朝。他历数夏桀的罪行，说其让民众百姓承受沉重的负担，不惜民力，疯狂地剥削欺压民众，百姓们都抱怨"时日曷丧"，意即夏王何时灭亡，所以动员民众的力量，齐心协力一举推翻了夏朝，建立了商朝。商汤的战斗檄文，饱含了丰富的民本思想，他正是运用民本思想凝聚了民心民力，完成了建朝大业。

盘庚是商汤的第十世孙、商朝第二十位君主，是商朝的一位明君。《尚书》收录了他关于迁都的三篇演讲。第一篇演讲中，盘庚为了安定生活、避免水灾，决定第五次迁都。但这一决定遭到一些官员的反对，他把这些贵戚近臣召集起来训话，要求他们抛却私心，把他迁都的原因、善言和思想正确无误地传达给百姓，给百姓一些实实在在的好处，切不可用谣言恐吓和煽动百姓反对迁都。第二篇演讲中，盘庚把那些不服从迁移命令的百姓召集起来进行说服教育，他说，从前我的先王无不顺从民意，而百姓们也无不体贴我的先王，因此彼此没有受到天帝的惩罚；我现在希望你们得到安乐的生活，搬到新邑去，好好建设你们安定的国家。第三篇演讲中，盘庚把百官召集起来说，现在新都已经迁好了，他们不要贪图玩乐和怠慢懒惰，要"懋建大命"，即完成重建家园的大业，恭敬地治理民事，不要贪图享受，不要敛财聚宝，而要广布民德，与人民一起同心同德建设家园。这三次演讲通篇贯穿了安民、顺民、富民思想。而且盘庚还提出根据民意来考察使用干部，他对百官们说："你们要思考自己的职责，我将按照他们取得的政绩任用你们，而不会任用那些贪财好货之辈。"

盘庚之后，他的侄子、商王小乙之子武丁继任商朝第二十三任君王。武丁在位期间得到贤臣傅说及甘盘、祖己等的辅政，他继承商汤的祖训，"以民众的道义为标准"，勤于政事，推行德政，使得天下百姓欢喜欣悦、幸福安康，使商朝出现了"武丁盛世"。

商朝是中国古代民本思想得到继承、得以丰富发展的重要时期。虽然与西周以后民本思想相比，在理论概括、观点提炼、思想表达上显得明显原始而拙朴，而且更多的是行动和训诫，但商朝的民本思想仍然中国古代思想史上的一座高峰。

第三节　西周时期的民本思想

周朝是中国历史上继商朝之后的朝代,大约在公元前 11 世纪—前 256 年之间,分为先周、西周。先周是指后稷建立周族部落到周文王、周武王建国,周朝建立之前这一段时期。

先周始于何时,无从考证,但传说中周人的始祖是后稷,与尧、舜、禹是同时代人物,曾被舜封官,以擅长农业种植而传世,后来成为商朝的属国,受过商王的赏赐,商朝军队还讨伐过周国。商朝后期,周国迅速发展,商周矛盾尖锐,商纣王多次发兵伐周。周族的首领姬昌富有雄才大略,开疆拓土,礼贤下士,尊老抚幼,受到民众拥戴,势力大增。商纣王害怕周国坐大,将姬昌囚禁在羑里(今河南安阳的汤阴县)7 年,以削其志。正是在这 7 年里,姬昌将伏羲的八卦推演为六十四卦,著成《周易》。姬昌被释放后,被商纣王封为西伯,他以德治国,兴邦安民,抚近安远,各方诸侯归附,于是受命称王,史称周文王。周文王打着商的旗号,西征戎、北伐狄、东拒耆，地盘扩张，实力渐强，"三分天下有其二"①，最后把矛头直指日趋腐朽的商朝。为逼近商朝的统治中心，周文王迁都到丰邑，与商朝摆开决战的态势。但在迁都不久，周文王病逝，太子姬发继位，他就是历史上大名鼎鼎的周武王。当时商朝已病入膏肓，政权大厦将倾，诸侯与周在孟津会盟，欲拥立周武王，一同伐商，但周武王没有立即出兵，而是等待商纣王平定东夷之后兵力空虚、国力亏虚之际，聚兵攻商都朝歌，他发表著名的战斗檄文《牧誓》，历数纣王罪行，最后一举覆灭统治了近600年的商朝，创立了周朝，后世认为这是西周的肇始。

西周时期的民本思想，更多地体现在周文王、周武王和周公旦的思想中。

牧　誓

【原文】

王曰：古人有言曰："牝鸡无晨；牝鸡之晨，惟家之索。"今商王受，惟妇言是用，昏弃厥肆祀，弗答；昏弃厥遗王父母弟，不迪；乃惟四方之多罪逋逃，是

---

① 《论语·泰伯篇第八》，见杨朝明主编《论语诠解》，山东友谊出版社2013年版，第145页。

崇是长,是信是使,是以为大夫卿士,俾暴虐于百姓,以奸宄于商邑。今予发,惟恭行天之罚。

(《尚书·牧誓》)①

【释义】

周武王说,古人说,"母鸡是没有在清晨报晓的;若母鸡报晓,说明这户人家就要衰落了。"现在商纣王只听信妇人的话,对祖先的祭祀不闻不问,轻蔑废弃同祖兄弟而不任用,却对从四方逃亡来的罪恶多端的人,推崇尊敬,又是信任任用,以他们为大夫、卿士。这些人施残暴于百姓,违法作乱于商邑,使他们残害百姓。现在,我姬发奉天命进行惩讨。

洪 范

【原文】

惟十有三祀,王访于箕子。王乃言曰:"呜呼!箕子,惟天阴骘下民,相协厥居,我不知其彝伦攸叙。"

箕子乃言曰:"我闻在昔,鲧陻洪水,汩陈其五

---

① 《尚书》,王世舜、王翠叶译注,中华书局2012年版,第140页。

行。帝乃震怒，不畀洪范九畴，彝伦攸斁。鲧则殛死，禹乃嗣兴。天乃锡禹洪范九畴，彝伦攸叙。初一曰五行，次二曰敬用五事，次三曰农用八政，次四曰协用五纪，次五曰建用皇极，次六曰乂用三德，次七曰明用稽疑，次八曰念用庶征，次九曰向用五福，威用六极。"

(《尚书·洪范》)①

【释义】

周文王十三年，武王拜访箕子。武王说道："啊！箕子，上天庇护臣民，使他们和谐地安居在一起，我不知道上天规定了哪些治国的常理。"

箕子回答说："我听说从前鲧堵塞治理洪水，将水、火、木、金、土五行的排列搞乱了，所以天帝大怒，就没有把九种治国大法传给鲧，因而使治国安邦的常理受到了破坏。鲧在流放中死去，禹继承父业，天帝于是把九种治国大法赐给了禹，禹便掌握了治国安邦的常理。第一是遵循五行的秩序，第二是敬重地做好五件事，第三是努力办好八种政务，第四是合适

---

① 《尚书》，王世舜、王翠叶译注，中华书局2012年版，第142页。

地用好五种记时方法,第五是建立最高原则,第六是用三种德行治理臣民,第七是明确地用某种办法来解疑释惑,第八是细致研究多诸征兆,第九是用五福劝导民众,用六种惩戒树立权威。"

康 诰

【原文】

王曰:"呜呼!封,汝念哉!今民将在祗遹乃文考,绍闻衣德言。往敷求于殷先哲王,用保乂民。汝丕远惟商耇成人,宅心知训。别求闻由古先哲王,用康保民。弘于天,若德裕乃身,不废在王命。"

王曰:"呜呼!小子封,恫瘝乃身,敬哉!天畏棐忱,民情大可见。小人难保,往尽乃心,无康好逸豫,乃其乂民。我闻曰:'怨不在大,亦不在小。'惠不惠,懋不懋。已!汝惟小子,乃服惟弘,王应保殷民,亦惟助王宅天命,作新民。"

王曰:"呜呼!封,敬明乃罚。人有小罪,非眚,乃惟终,自作不典,式尔,有厥罪小,乃不可不杀。乃有大罪,非终,乃惟眚灾,适尔,既道极厥辜,时乃不可杀。"

王曰:"呜呼!封,有叙时,乃大明服,惟民其敉懋和。若有疾，惟民其毕弃咎。若保赤子，惟民其康乂。非汝封刑人杀人，无或刑人杀人。非汝封又曰劓刵人，无或劓刵人。"

王曰："封，爽惟民迪吉康。我时其惟殷先哲王德，用康乂民作求。矧今民罔迪不适；不迪则罔政在厥邦。"

王曰："呜呼！封，敬哉！无作怨，勿用非谋非彝，蔽时忱。丕则敏德，用康乃心，顾乃德，远乃猷裕，乃以民宁，不汝瑕殄。"

(《尚书·康诰》)①

【释义】

王（指代行王权的周公）说："啊，封，你要很好地记着，如今民众是在恭敬地遵循你父王周文王的传统，你要继续依照他的德政言行来治理国家。你到了殷人过去的土地，也要寻求殷人过去圣人明君的王道来治理臣民，要很好地研究殷商遗老们的想法，知道他们的内心世界，掌握让他们驯服的办法。另外，你还要知道过去其他君王的治世之道，确保民众的安

---

① 《尚书》，王世舜、王翠叶译注，中华书局2012年版，第178页。

康。如果你的德政像天那么宏大，先王交给我们的使命才不会被废弃。"

王说："啊！年轻的封啊，民众的疾苦你要如同发生在自己身上，要敬重谨慎啊！上天是不是惩罚那些不诚实的人，民众很容易知道。百姓是难以管理的，要尽心以赴，好逸恶劳是没有好日子过的，只有这样才能治民。我听说，民怨的可怕不在大小，要努力让不驯服的人驯服、让不努力的人努力。唉，你虽然年轻，但你的责任重大。先王受上天之命治理殷民，你应当帮助先王根据天命来重新改造殷民。"

王说："啊，封啊，对刑罚一定要恭敬严明。一个人如果有小错，但不反省悔过，一直错到底，还做不守法的事情，故意去犯，那么罪虽然很小，却不可不杀；一个人如果有大错，但他没有做到底，而是反省悔改，且是偶尔为之，即使从法律上可以追究很重的责任，但仍然可以不杀。"

王说："啊，封啊，能够这样有序地去做，是最大的顺服，民众会勤勉地劳动而不犯法。就像治疗自己的病一样，民众都尽力除祛自己的罪责。就像保护孩子一样，保护好自己臣民的安康生活。不是你姬封要惩罚人杀人，就没有人敢惩罚人杀人；不是你姬封有令要割人鼻子断人耳朵,就没有人敢施行这样的刑罚。"

王说:"封啊,老百姓走上正道,社会才会安康。我们时时要想着殷代贤明先王的德政,把安邦治民作为最终目的。何况现在的殷民如不加以教导,就不会向善;不加以教导,这个地方就没有善政。"

王说:"啊,封,要谨慎啊!不要制造怨恨,不要让没有经过认真考虑、不合法的谋划,蔽塞了你的诚意。要实时施行德政,以安你的心,念你的德。你要深思治民之道,才能安定民心,找不到你的瑕疵而推翻你的理由。"

召 诰

【原文】

天既遐终大邦殷之命,兹殷多先哲王在天。越厥后王后民,兹服厥。厥终,智藏鳏在。夫知保抱携持厥妇子,以哀吁天,徂厥亡,出执。呜呼!天亦哀于四方民,其眷命用懋,王其疾敬德!

其惟王勿以小民淫用非彝,亦敢殄戮用乂民,若有功。其惟王位在德元,小民乃惟刑用于天下,越王显。上下勤恤,其曰:我受天命,丕若有夏历年,式勿替有殷历年。欲王以小民，受天永命。

（《尚书·召诰》）①

【释义】

上天已经结束了大国殷商的命运，殷商许多圣明的先王都在天上。殷商后来的君王和臣民还比较遵守规矩。到了商纣末年，明智的人都躲起来了，而害民的人在位。人们只知道携妻抱子仰天长号，诅咒商纣王尽早灭亡，好摆脱生活的困境。啊！上天也哀怜四方的老百姓，便把大命转交给我，王啊，你要赶快敬重德政！

愿王不要让老百姓放纵不法，要敢于用杀戮来治理老百姓，这样才会有功绩。愿王立于天子之位，让老百姓守法于天下，王的美德就发扬光大了。君臣上下勤劳忧虑，可以说，我们接受了上天的大命，才能像夏代那样经历久远，而不像殷代那样废弃了久远。愿君王和臣民一起，共同接受好上天的永久大命。

---

① 《尚书》，王世舜、王翠叶译注，中华书局2012年版，第215页。

无 逸

【原文】

周公曰:"呜呼!君子所其无逸。先知稼穑之艰难,乃逸则知小人之依。相小人,厥父母勤劳稼穑,厥子乃不知稼穑之艰难乃逸。乃谚既诞,否则侮厥父母,曰:'昔之人无闻知。'"

(《尚书·无逸》)①

【释义】

啊!君子居其位,不要贪图安逸。了解种田人的艰辛,才知道庶民的苦衷。看看那些小人,他们的父母辛勤地劳作庄稼,儿子却不知庄稼的艰辛,贪图享乐,狂妄粗暴,以至欺诈诓骗。很是瞧不起父母,说什么:"你们从前的人没有见识。"

祭公谏穆王征犬戎

【原文】

穆王将征犬戎,祭公谋父谏曰:"不可。先王耀

---

① 《尚书》,王世舜、王翠叶译注,中华书局2012年版,第252页。

德不观兵。夫兵戢而时动,动则威,观则玩,玩则无震。是故周文公之《颂》曰:'载戢干戈,载櫜弓矢。我求懿德,肆于时夏,允王保之。'先王之于民也,懋正其德而厚其性,阜其财求而利其器用,明利害之乡,以文修之,使务利而避害,怀德而畏威,故能保世以滋大。"

(《国语·周语》)①

【释义】

周穆王将征伐犬戎,祭公谋父劝阻说:"不行。先王显示德行却不靠炫耀武力。兵力是积聚起来择时机而动用的,一旦动用就要使人畏惧;炫耀武力就会受人轻慢,轻慢就不会有震慑力。所以周文公的《颂》中说:'将兵器收藏起来,把弓箭装进皮囊。我寻求美德,施予华夏,君王确实能保持天命久长。'先王对于百姓,努力端正他们的德行而使他们性情宽厚,增加他们的财富而改进他们的器具,指明利害的方向,用礼法来修养他们,使他们趋利而避害,怀念恩德而畏惧威严,所以能保有周王室的世代强大。"

---

① 《国语》,尚学锋、夏德靠译注,中华书局2007年版,第2页。

【导读】

周朝的兴起,是从一代贤君周文王姬昌开始的。据《史记·周本纪》记载,姬昌(公元前1152—前1056年)曾继承西伯侯之位,故称西伯昌。他"克明德慎罚","遵后稷、公刘之业,效先祖古公、父亲季历之法,笃仁,敬老,慈少,礼下贤者"①,在封地周国励精图治,勤于朝政,重视民生,使属地民心归顺;他还礼贤下士,广罗人才,拜姜太公为军师,纳谏问计,周国经济大振,实力大增,使"天下三分,其二归周"。但是姬昌的善治引起商朝当权者的猜忌。"崇侯虎谮西伯于殷纣曰:'西伯积善累德,诸侯皆向之,将不利于帝'"②,于是商纣就把姬昌囚在羑里。后来姬昌被赦后在周国继续行善政,社会风气良好。有虞、芮两个国家的人因为国土纠纷,一同来周国请姬昌断案,一到周国就发现"耕者皆让畔,民俗皆让长",感到自己所争之事为周国所耻,就自觉汗颜,"俱让而去"了。姬昌在位50年,享年97岁。他的善言义举体现了以民为本的思想,而且他的治国实践也证明这些思想是民富国强的保障。

---

① (汉)司马迁:《史记卷四·周本纪》,中华书局2013年版,第151页。
② (汉)司马迁:《史记卷四·周本纪》,中华书局2013年版,第151页。

大约在公元前 1046 年二月甲子凌晨，武王在商郊牧野集众誓师，拉开灭商之战。《尚书·周书》中的《牧誓》是武王伐纣时的战斗檄文，文中列举了商纣王的四条罪状：一是"惟妇言是用"，听信妇人之言；二是不祭祖；三是不任用同宗长辈或兄弟，却提拔任用逃亡的罪人；四是任由这些逃亡之人残暴地欺压百姓，听任他们在商朝之都犯法作乱。《尚书·泰誓》记述了牧野之战拉开战幕之前的准备过程中周武王的言论，他抨击商纣王"弗敬上天，降灾下民。沉湎冒色，敢行暴虐，罪人以族，官人以世""以残害于万姓。焚炙忠良，刳剔孕妇"①。在这里，民生成为周武王挑战商纣王一大正义的理由，在《泰誓》中，周武王指出"惟天惠民，惟辟奉天"，意即上天要惠爱下民，君王要尊奉上天。周武王还提出一个著名观点："天视自我民视，天听自我民听"，即上天看到的来自我们老百姓看到的，上天听到的来自我们老百姓听到的，在这里，"民"是第一位的，这也是周武王的民本思想。

说到西周的民本思想，不能不说周公。周公姓姬

---

① 《尚书》，王世舜、王翠叶译注，中华书局版 2012 年版，第 429 页。

名旦，也称周公旦，西周初期杰出的政治家、军事家、思想家、教育家，是周文王姬昌的第四子、周武王姬发的胞弟。周公曾两次辅佐周武王伐纣，并制作礼乐安民兴邦。周公被尊为"元圣"，是儒学的先驱。武王灭商两年后去世，当时周成王尚在襁褓中，为维持天下稳定，完全有资格继位的周公代替成王处理政务，等到周成王可以坐朝后，周公归政于成王。

周公摄政七年，提出了不少带根本性的典章制度，完善了宗法制度、分封制、嫡长子继承法和井田制，为周族800年的统治奠定了基础。周公在《无逸》中告诫年少的周成王，要"知稼穑之艰难""知小人之依"，意即只有了解稼穑的艰难，才能知道老百姓的所依所靠、所需所求。教育周成王要有了解民意的意识，同情百姓的情怀。周公的功绩被《尚书·大传》概括为："一年救乱，二年克殷，三年践奄，四年建侯卫，五年营成周，六年制礼乐，七年致政成王。"

《国语》记录了周王室和鲁国、齐国、晋国、郑国、楚国、吴国、越国等诸侯国的历史。《展禽论祭爰居非政之宜》一文记载，鲁国大夫展禽有过这样一番评价："黄帝能成命百物，以明民共财，颛顼能修之，帝喾能序三辰以固民，尧能单均刑法以仪民，舜勤民事而野死，鲧障洪水而殛死，禹能以德修鲧之功，契为司徒而民辑，冥勤其官而水死，汤以宽治民而除其邪，稷勤百谷而山死，文王以文昭，武王去民之秽"，从中可以看出，这些先王有着浓厚的民本思想，值得后世祭祀敬重。

第二章
先秦时期的民本思想

春秋战国时期是中国古代思想最活跃的时期，诞生了大批的思想家和各种学说。这一时期也是民本学说的开端期，许多思想家、政治家们将远古时期的神话传说、夏商和西周时期君臣们治国理政言论中的民本故事、民本观点、民本思潮，进行归纳、借鉴和提炼，逐渐形成了自己的民本观念。

这一时期也是中国古代社会的转型期。随着奴隶社会向封建社会的变革，人们的社会地位发生转变，氏族统治体系与公社共同体结构瓦解，一些贵族"降为皂隶"，使中国古代社会的"民"的内涵发生了变化，"民"概念和以民为本的思想观念呈现出动态渐变。一些人认为，"民"最早的概念是指与商王有着共同信仰和社会背景的"同血缘同居所群体"的聚族而居的人群，即"殷民"，而春秋战国时期的"民"，是指庶人、庶民等没有地位的人群；一些人认为，从甲骨文字来看，最早的"民"字是一个左目形，而有刃刺之，因为"周人初以敌囚为民时，乃盲其目为奴隶"（郭沫若语），因此"民"最初是指被刺瞎左眼的奴隶，后来泛指有别于君臣百官和士大夫的庶民。

尊君与重民并举的民本思想，是春秋战国时期政治思想的一大特点。"重民是巩固君权的手段""保民而王""君舟民水"，儒家的尊君理论实为一种民本主义尊君理论。

由于转型期制度的缺失、解构和待建、重构，一些掌握重权的政治家、有影响力的思想家们的民本思想显得十分重要，儒家、道家、墨家、法家、兵家、杂家等各家各派虽然在政治理想和学说上各不相同甚至大相径庭，但在"以民为本"的思想上有着高度的一致性。他们大多敬奉远古神话传说中的人物形象，对黄帝、尧、舜、禹所推崇的民主政治尤其是"禅让"制度给予高度肯定，遵从夏朝、商朝明君，尤其是西周时期先王们和东周时期各国思想家的民本思想，阐发了大量事关神与民、君与民、天意与民意、国家与民众、政权与民众等的观点，不断因朝制宜、因国制宜、因时制宜，在继承的基础上有创新，在坚持的前提下有突破，形成了浩浩荡荡的民本思想潮流，其中一些政治家、思想家具有深远影响力，往往是一个人的思想观点成为一国之策、一朝之政，对社会发展产生重要作用，这些重要思想经过时间的洗礼打磨，对后世治国理政起到指导作用，是中国传统文化的精华。春秋时期的孔子，正是这样一位伟大的思想家，他的诸多思想、学说成为中华民族的经典。

第一节　孔子的民本思想

孔子（公元前551—前479年），名丘，字仲尼，春秋时期鲁国人。中国古代著名的思想家、政治家、教育家。孔子开创了私人讲学的风气，是儒家学派的创始人。

孔子有弟子3000，其中72贤人。他曾就教于老子，率众弟子周游列国14年，晚年回到鲁国后修订六经，即《诗》《书》《礼》《乐》《易》《春秋》。孔子去世后，弟子及其再传弟子们把他和他的弟子们的言行思想记录下来，整理成儒家经典《论语》。孔子被后世尊为至圣先师、大成至圣、万世师表等。古往今来，享受此殊荣者仅此1人。

孔子整理的经典、孔子弟子们等所整理的孔子言论，所蕴含的思想博大精深，哲理深邃，其中富含民本思想，是世之经典。

道之以德　齐之以礼

【原文】

子曰：道之以政，齐之以刑，民免而无耻。道之以德，齐之以礼，有耻且格。

哀公问曰："何为则民服？"孔子对曰："举直错诸枉，则民服；举枉错诸直，则民不服。"

季康子问："使民敬、忠以劝，如之何？"子曰："临之以庄，则敬；孝慈，则忠。举善而教不能，则劝。"

（《论语·为政》）

【释义】

孔子说：用政令来管理百姓，用刑法来治理百姓，百姓会为了免予刑罚而服从，但没有廉耻之心；用道德来号召百姓，用礼制来规范百姓，百姓就不仅会有羞耻之心,而且有归正之心。

哀公问政说:"用什么方法让臣民服从管理呢?"孔子回答说:"推举那些正直的人,压在那些邪谬之人的上面,那么百姓就会服气服从,如果任用那些邪谬之人,压在那些正直之人的上面,那么百姓就不服气不服从。"

季康子问:"如何才能使民众对上敬重、为上尽忠呢?"孔子说:"您能对他们庄重,他们就会敬重您。他们对老者孝顺、对幼者慈爱,就会忠于你。如果你任用他们中间的善者,教育那些没有才能的人,他们就会勤勉努力了。"

居敬而行简

【原文】

仲弓问子桑伯子。子曰:"可也,简。"仲弓曰:"居敬而行简,以临其民,不亦可乎?居简而行简,无乃大简乎?"子曰:"雍之言然。"

(《论语·雍也》)

【释义】

仲弓向孔子打听子桑伯子这个人怎么样,孔子说:"此人还可以,办事简要而不烦琐。"仲弓说:"居心恭敬严肃而行事简要,像这样来治理百姓,不是也可以吗?但如果生活简单,行事方法简单,这不是太简单了吗?"孔子说:"冉雍,你这话说得对。"

己欲立而立人 己欲达而达人

【原文】

子贡曰:"如有博施于民而能济众,何如?可谓仁乎?"子曰:"何事于仁!必也圣乎!尧、舜其犹病诸!夫仁者,己欲立而立人,己欲达而达人。能近取譬,可谓仁之方也已。"

(《论语·雍也》)

【释义】

子贡说:"假若有人,能给百姓广施好处又能周济应急,这个人怎么样?可以说他是仁者吗?"孔子回答说:"岂止是仁者,一定是圣人了!就连尧、舜都担心自己做不到呢。所谓仁者,就是自己想立起来,也帮助别人也立起来;自己想通达成功,也帮助别人通达成功。凡事能将心比心、推己及人,可以说就是达到仁德的方法了。"

教 民

【原文】

子曰：善人教民七年，亦可以即戎矣。

子曰：以不教民战，是谓弃之。

(《论语·子路》)

【释义】

孔子说：善人教导百姓七年，也就可以叫他们去打仗了。

孔子说：如果不先对百姓进行训练就让他们去作战，这就是抛弃他们。

修己安民

【原文】

子曰：上好礼，则民易使也。

子路问君子，子曰："修己以敬。"曰："如斯而已乎？"曰："修己以安人。"曰："如斯而已乎？"曰："修己以安百姓。修己以安百姓，尧、舜其犹病诸！"

(《论语·宪问》)

【释义】

孔子说：在上位的人喜好礼，那么百姓就容易指使了。

子路问什么叫君子。孔子说："修养自己，保持恭敬。"子路说："这样就够了吗？"孔子说："修养自己，安抚周围的人。"子路说："这样就够了吗？"孔子说："修养自己以使所有百姓都安乐。而修养自己使所有百姓都安乐，连尧、舜还担心自己做不到呢！"

仁　民

【原文】

子曰：民之于仁也，甚于水火。水火，吾见蹈而死者矣，未见蹈仁而死者也。

（《论语·卫灵公》）

【释义】

孔子说：仁德对百姓来说，比水火更重要。水火，我只见过人赴汤蹈火而死的，却没有见过践行仁德而死的。

庶人不议

【原文】

天下有道,则庶人不议。

(《论语·季氏》)

【释义】

天下有道,百姓就不会对国家大政议论纷纷。

五 仁

【原文】

子张问仁于孔子。孔子曰:"能行五者于天下为仁矣。"请问之,曰:"恭、宽、信、敏、惠。恭则不侮,宽则得众,信则人任焉,敏则有功,惠则足以使人。"

(《论语·阳货》)

【释义】

子张问孔子什么是仁德。孔子说:"能够实施五种品德于天下的就是仁德之人了。"子张说:"请问哪五种。"孔子说:"庄重恭敬、宽厚仁慈、诚实守信、勤奋机敏、施恩行惠。庄重恭敬就不会遭受侮辱，宽厚仁慈就会得到人民拥护，诚实守信就会被人任用，勤奋机敏就会有功劳，施恩行惠就能够使唤百姓。"

使民富且寿

【原文】

鲁哀公问政于孔子，对曰："政有使民富且寿。"哀公曰："何谓也？"孔子曰："薄赋敛则民富，无事则远罪，远罪则民寿。"公曰："若是则寡人贫矣。"孔子曰："诗云：'凯悌君子，民之父母'，未见其子富而父母贫者也。"

(《说苑校证》)[1]

【释义】

鲁哀公问政于孔子，孔子回答说："有政策能让百姓富裕而且长寿。"哀公说："什么政策？"孔子说："减轻税收则百姓富裕，不扰民就远离了犯罪，远离了犯罪就长寿了。"哀公说："要是这样那我就贫穷了。"孔子说："诗经上说，'品德优良、平易近人的

---

[1] 《说苑校证》，(汉)刘向撰，向宗鲁校证，中华书局1987年版，第149页。

君子,就是百姓的父母',没见过孩子富裕而父母贫穷的。"

【导读】

孔子的民本思想体现在他所有的论述、思想、阐述、观点中。可以说,孔子是中国古代第一个全面阐述民本思想的思想家。孔子整理出的上古经典中,包含着极其丰富的民本思想,选择、勘正、提炼、褒扬本身就是态度,这些观点一定程度上也代表着孔子的民本思想。

一是在国家治理中体现仁政思想。"仁"是孔子思想的基础,是他强调最多的观点,也是儒家学说的出发点。他崇尚尧舜禹汤文武周公等古之圣贤,主张"仁者,爱人""仁者先难而后获,可谓仁矣"的思想。他说"夫仁者,己欲立而立人,己欲达而达人""己所不欲,勿施于人",以此说明"仁"是协调一切社会关系的总原则。那么什么是"仁"呢?在孔子概念中,"仁"的涵盖最大,包括孝、义、礼、智、信、忠、德、宽、恕、勇、廉、恭、俭、敏等,做到"对上尊崇、恭敬,对平级忠、恕、友、悌、信、义,对下慈、惠、宽、厚,以此解决对上、对中、对下各方面的矛盾,协调人在社会上的各种关系"①,达到仁者无敌的境界。如何才能做到"仁政"呢?孔子说,"克己复礼,天下归仁焉";那么如何做到"克己"呢?"非礼勿视,非礼勿听,非礼勿言,非礼勿动"。只有先"克己",克制自己的私欲,才能做到恢复周礼,恢复西周初年以及周文王、周武王时期的礼乐制度;只有这样才能"天下归仁"。孔子不但指出了仁政的内容,还指明了站在政治两端的当政者、普通臣民各自应该有的修为,对当政者来说,要"身正""为政以德","譬如北辰,居其所而众星共之",还要"慎独","莫见乎微,莫贵乎微,故君子慎其独也";对普通人来说,要恭敬、宽厚、诚信、积极、恩惠。孔子既敦促当政者又教化民众向善去恶、尊德守法。以仁生义,由仁及德,孔子的仁政观、德政观,构成中国古代最早的政治观,是民本思想的核心。

二是在政治生活中体现重民思想。孔子主张"民以君为心,君以民为本""君以民存,亦以民亡"的"君民观",指出"君"不先天的万能的,而是依民而

---

① 骆承烈:《孔学研究》,齐鲁书社2003年版,第38页。

立、因民而生的。他反对苛政暴政欺民、反对苛捐杂税压民，主张爱民、重民、贵民、养民、敬民，反对害民、残民、虐民，尤其反对对百姓施以猛刑重典，他认为"不教而杀谓之虐，不戒视成谓之暴，慢令致期谓之贼"，这些都是虐民之举。这一含有君轻民重的思想，既是对上古民本思潮的继承，也是对奴隶社会以来君本思想的批判，开启了"君轻民贵"思想的先河，具有进步意义。

三是在社会管理中体现平等思想。孔子主张"有教无类"，因材施教，对全民进行教育，尤其是要加强对下民的教育，给他们以受教育的平等的权利。提倡"道之以德，齐之以礼"，以道育人、以德化人、以术授人，是孔子教育思想的三个层次。他谈到如何教化百姓时说："临之以庄，则敬；孝慈，则忠；举善而教不能，则劝。"注重对人心性、品格的培育，设坛开讲、诲人不倦，用仁、义、道、德教化群氓有所归依，教他们六艺，"百工居肆，以成其事"，以提升他们的文化知识、谋生技艺和精神素质。通过教育来消除贫富、贵贱、智愚、善恶、孝逆、雅俗的差距。孔子的这种民本思想被后来历代政治家、思想家所继承。

四是在国家事务中体现贤人理政思想。孔子思想中有相当大的成分是关于君王如何"为政以德"、掌权者如何处君臣、君民关系的。他多次褒扬历史上的仁人、贤人和圣人,认为君王要谨言慎行、修德修仁,"一言可以兴邦""一言可以丧邦";当权者要身正行正,"其身正,不令而行;其身不正,虽令不从""子帅以正,孰敢不正";要勤于朝政,励精图治,做到"在邦无怨,有家无怨";君王对下级官吏要有正确的态度和方法,"先有司,赦小过,举贤才",让他们分工明确、各司其职,即使有点小过失都要宽容他们,"躬自厚而薄责于人"。

五是在经济生活中体现民生思想。孔子并不是一个只做学问不问世事,"四体不勤、五谷不分"的书呆子,而是知道民间疾苦、同情民众境遇,有民众情怀的人。他看到子路治蒲时"田畴尽易,草莱尽辟,沟洫深治"时,大加赞赏。他主张致富,说要先有人,人多了多生产,多生产社会才能富裕,"足食足兵,民信之矣",国家富裕起来百姓才信赖、依赖这个国家。他强调"使民也义""节用而爱民""因民之利而利之""薄赋敛而民富",要"使民以时""择可劳而劳之",保护劳动力就是发展生产力,孔子这一思想有超时代的积极意义。他强调"政在节财"、尚俭戒奢,自己做到"饭疏食饮水,曲肱而枕之,乐亦在其中矣"。

孔子的民本思想极其丰富,是后世民本思想的源头之一,也为后来历代政治家、思想家提供了精神范本和基本框架。

第二节 孟子、荀子的民本思想

孟子(公元前372—前289年,或公元前385—前304年,准确数字缺考),名轲,战国时邹国人,鲁国贵族之后,孔子之孙子思门人的学生。思想家,孔子之后儒家代表人物,被称为"亚圣"。曾周游齐、宋、滕、魏、鲁、薛等国20多年,晚年归隐乡里,著书立说育人。孟子的思想主要见诸《孟子》。民本思想是孟子思想的核心和主体。

为民父母

【原文】

曰:"庖有肥肉,厩有肥马,民有饥色,野有饿莩，此率兽而食人也。兽相食，且人恶之；为民父母，行政，不免于率兽而食人，恶在其为民父母也？"

(《孟子·梁惠王上》)①

【释义】

孟子说："厨房里有肥嫩的肉，马棚里有壮实的马，可是老百姓面带饥色，野外有饿死的尸体，这其实是领着野兽在吃人啊！野兽自相残食，人们见了尚且厌恶，而身为百姓的父母官，行使政权，却不能免予率野兽来吃人，这又怎能算是百姓的父母官呢？"

施仁政于民

【原文】

地方百里而可以王。王如施仁政于民，省刑罚，薄税敛，深耕易耨。壮者以暇日修其孝悌忠信，入以事其父兄，出以事其长上，可使制梃以挞秦、楚之坚甲利兵矣。

(《孟子·梁惠王上》)②

---

① 《孟子》，万丽华、蓝旭译注，中华书局2010年版，第7页。
② 《孟子》，万丽华、蓝旭译注，中华书局2010年版，第9页。

【释义】

方圆百里的小国就可以称王。君王如果对百姓施仁政,减轻刑罚,减少赋税,深耕细作,勤除杂草。让年轻人在闲暇之时修养孝顺父母、尊敬兄长、忠诚守信之德,在家侍奉父兄,在外敬重上位,就可以让他们拿起木棍抵抗秦、楚两国盔甲坚硬、锐利兵器了。

与民同乐

【原文】

今王鼓乐于此,百姓闻王钟鼓之声,管籥之音,举疾首蹙頞而相告曰:"吾王之好鼓乐,夫何使我至于此极也?父子不相见,兄弟妻子离散。"今王田猎于此,百姓闻王车马之音,见羽旄之美,举疾首蹙頞而相告曰:"吾王之好田猎,夫何使我至于此极也?父子不相见,兄弟妻子离散。"此无他,不与民同乐也。

今王鼓乐于此,百姓闻王钟鼓之声,管籥之音,举欣欣然有喜色而相告曰:"吾王庶几无疾病与,何以能鼓乐也?"今王田猎于此,百姓闻王车马之音,见羽旄之美,举欣欣然有喜色而相告曰:"吾王庶几无疾病与,何以能田猎也?"此无他,与民同乐也。今王与百姓同乐,则王矣。

(《孟子·梁惠王下》)①

【释义】

假如大王在这里奏乐,百姓听到大王鸣钟击鼓、吹箫奏笛的声音,都愁眉苦脸地相互诉说:"我们大王喜好音乐,为什么要使我们这般穷困呢?父亲和儿子不能相见,兄弟和妻儿分离失散。"假如大王在这里围猎,百姓听到大王车马的喧嚣,见到华丽的仪仗,都愁眉苦脸地相互诉说:"我们大王喜好围猎,为什么要使我们这般穷困呢,父亲和儿子不能相见,兄弟和妻儿分离失散。"这里没有别的原因,是因为大王没有与民同乐的缘故。

假如大王在这里奏乐,百姓听到大王鸣钟击鼓、吹箫奏笛的声音,都眉开眼笑地奔走相告:"我们大王大概无恙吧,要不怎么能奏乐呢?"假如大王在这里围猎,百姓听到大王车马的喧嚣,见到华丽的旗帜,都眉开眼笑地奔走相告:"我们大王大概无恙吧,

---

① 《孟子》,万丽华、蓝旭译注,中华书局 2010 年版,第 23 页。

要不怎么能围猎呢?"这里没有别的原因,是因为大王与民同乐的缘故。现在大王能与百姓同乐,就可以使天下归顺了!

乐以天下,忧以天下

【原文】

乐民之乐者,民亦乐其乐;忧民之忧者,民亦忧其忧。乐以天下,忧以天下,然而不王者,未之有也。

(《孟子·梁惠王下》)①

【释义】

为百姓的快乐而快乐的人,百姓也快乐着他的快乐;为百姓的忧虑而忧虑的人,百姓也忧虑着他的忧虑。让天下快乐,为天下忧虑,却不想当大王的人,是从来没有的事。

大丈夫

【原文】

居天下之广居,立天下之正位,行天下之大道。

---

① 《孟子》,万丽华、蓝旭译注,中华书局2010年版,第29页。

得志，与民由之；不得志，独行其道。富贵不能淫，贫贱不能移，威武不能屈，此之谓大丈夫。

(《孟子·滕文公下》)①

【释义】

占据天下最宽广的房子——仁，站立天下最正中的位置——礼，走天下最广阔的大道——义。得志的时候，便与老百姓一同前进；不得志的时候，便走自己的路。富贵不能使我们骄奢淫逸，贫贱不能使我改移节操，威武不能使我屈服意志。这样才叫作大丈夫！

得天下有道

【原文】

桀纣之失天下也，失其民也。失其民者，失其心也。得天下有道：得其民，斯得天下矣。得其民有道：得其心，斯得民矣。得其心有道：所欲与之聚之，所恶勿施尔也。民之归仁也，犹水之就下、兽之走圹也。

(《孟子·离娄上》)②

---

① 《孟子》，万丽华、蓝旭译注，中华书局2010年版，第125页。
② 《孟子》，万丽华、蓝旭译注，中华书局2010年版，第154页。

【释义】

夏桀、殷纣之所以丧失天下，是由于失去了百姓；之所以失去了百姓，是因为失去了民心。得天下是有方法的：得到百姓的支持就得到了天下。得到百姓的支持是有方法的：赢得民心，就得到了百姓的支持。赢得民心是有方法的：他们想要得到的，就满足他们并让他们积聚起来，他们所憎恶的，就不要强加给他们。百姓归附仁政，犹如水往低处流、兽往旷野上跑一样。

【导读】

孟子主张"法先王，行仁政"，以夏商周三代圣王贤君的政治理想和施政理念为榜样。在这里，遵先王之法并不是回到从前，而是回归道的本身，即行仁政，"三代之得天下也以仁，其失天下也以不仁。国之所以废兴存亡者亦然"；孟子还说，"诸侯有三宝：土地、人民、政事。"所以说孟子的民本思想是以仁政理念为基础的。

孟子的民本思想首先表现为"君轻民贵"思想。孟子认为，"民为贵，社稷次之，君为轻"，"得乎丘民为天子，得乎天子为诸侯，得乎诸侯为大夫。"

(《孟子·尽心下》)得到百姓的拥护可以成为天子，得到天子的器重可以成为诸侯，得到诸侯的赏识可以成为大夫，民众的地位得到高度重视，甚至是君权的授予者。孟子说："得天下有道：得其民，斯得天下矣；得其民有道，得其心，斯得民矣"(《孟子·离娄上》)，这正是"得民心者得天下"说法的由来。但是如何能得到民心呢？孟子说："得其心有道，所欲与之聚之，所恶勿施尔也。"要做到这一点，当"乐民之乐者，民亦乐其乐；忧民之忧者，民亦忧其忧"。《孟子》中还提出"独乐乐"不如"与人乐乐"、"与少乐乐"不如"与众乐乐"的思想，这也是后来"与民同乐""先天下之忧而忧，后天下之乐而乐"思想的出处。君与民，不再是地位上的孰贵孰贱、孰重孰轻，而是在国家天平上的分量对比。

孟子的民本思想核心在施仁政。《孟子》一书中，"仁政"一词出现10余次，说明仁政思想在孟子思想中的分量。《孟子·梁惠王上》中记载了孟子与梁惠王的一段对话："王如施仁政于民，省刑罚，薄税敛，深耕易耨。壮者以暇日修其孝悌忠信，入以事其父兄，出以事其长上，可使制梃以挞秦、楚之坚甲利兵矣。"孟子这里所说的仁政，涉及法制、经济、农业、道德教化、军事等多方面,是爱民、宽民、保民、重民的政策。孟子反对虐政:"暴其民甚,则身弑国亡。不甚,则身危国削。"(《孟子·离娄上》)他警告统治者不要残害百姓,如果暴虐百姓太甚,会导致身死国亡,或身危国削。孟子强调"老吾老,以及人之老;幼吾幼,以及人之幼",人人以"推恩"之心待人,"推恩足以保四海,不推恩无以保妻子",激发每个人心中的"不忍人之心",由此及彼、由禽兽及民众、由亲人及他人,在此过程中激发、融通人人都具有的仁心、良心、善意、良知,这既是孟子"性善论"的基础,也是他所主张"仁政"的前提。孟子说"仁者无敌""行仁政而王""不以仁政,不能平治天下","仁政"是"王天下"的途径,因此在孟子思想里,仁政就是王政,是对民心的征服,是维护统治的手段和方法。

孟子的民本思想继承了孔子的惠民思想。孟子向往"百亩之田、五亩之宅,可以衣帛,可以食肉,可以无饥"的社会,这是他为民众描绘的一张理想蓝图。他主张要寡取于民、防止为富不仁,提出了减少赋税、藏富于民的政策,他举三代赋税制度为例说,"夏后氏五十而贡,殷人七十而助,周人百亩而彻,其实皆什一也",认为夏人的"贡法"不如殷人、周人的"助法"好,"治地莫善于助,莫不善于贡"。孟子提出"制民之产"的观点,目的是确保民众"仰足以事父母,俯足以蓄妻子,乐岁终身饱,凶年免于死亡"(《孟子·梁惠王上》),"制民之产"是一项很好的惠民举措,能使百姓拥有"恒产","无恒产而有恒心者,惟士惟能。若民,则无恒产。因无恒心。苟无恒心,放辟邪侈,无不为己。及陷于罪,然后。从而刑之,是罔民也。焉有仁人在位罔民而可为也?"(《孟子·梁惠王上》)如何做到使百姓有"恒产"呢?"夫仁政,必自经界始。经界不正,井地不钧,谷禄不平,是故暴君污吏必慢其经界。经界即正,分田制禄可坐而定也。"(《孟子·滕文公上》)孟子指出要使百姓有"恒心""恒产",必先从田界的均匀划分开始,实行"井田制","方里而井,井九百亩,其中为公田。八家皆百亩,同养公田;公事毕,然后敢治私事"(《孟子·滕文公上》)。田界划分正确就有公平了,贪官污吏不敢大肆兼并土地,百姓就会安居乐业,不会因失去"恒产"而流离失所,甚至违法闹事。

孟子的民本思想体现在教民育民。孟子说,"天下之本在国,国之本在家,家之本在身",所以修己之身是治理家国的前提。他继承了孔子"富之教之"的思想，主张在解决生存问题之后，对民众进行精神教化，要满足百姓"五亩之宅""百亩之田"后，进行"谨庠序之教，申之以孝悌之义"，"设为庠序学校以教之；庠者，养也；校者，教也；序者，射也。夏曰校，殷曰序，周曰庠，学则三代共之，皆所以明人伦也"，由此可以看出，教民的目的在"明人伦"。如果对富起来的民众不教化，"饱食、暖衣、逸居而无教，则近禽兽"，要召集民众"教以人伦：父子有亲，君臣有义，夫妇有别，长幼有叙，朋友有信"。孟子还说："善政不如善教之得民也。善政，民畏之；善教，民爱之。善政得民财，善教得民心。"（《孟子·尽心上》）让民众得到很好的教育，是治民之本、之术。

荀子（公元前298—前238年，准确数字缺考），名况，战国时赵国人。荀子50岁到齐国，在齐襄王的稷下官讲学，后因被谗到了楚国，被春申君请为兰陵令，后殁于兰陵。荀子是先秦儒家思想的集大成者，与孔子、孟子一起被称为儒学最重要的三位代表人物。荀子的思想主要见诸《荀子》。民本思想是荀子思想的重要组成部分。

长养人民,兼利天下

【原文】

一天下,财万物,长养人民,兼利天下,通达之属莫不从服。

(《荀子·非十二子》)①

【释义】

使天下一统,让万物生财,永久地养育人民,广有利于天下,只要是能通畅到达的地方无不归顺服从。

水则载舟,水则覆舟

【原文】

马骇舆则君子不安舆;庶人骇政则君子不安位。马骇舆则莫若静之;庶人骇政则莫若惠之。选贤良,举笃敬,兴孝弟,收孤寡,补贫穷,如是,则庶人安政矣。庶人安政,然后君子安位。传曰:"君者,舟也;庶人者,水也。水则载舟,水则覆舟。"

---

① 《荀子》,安小兰译注,中华书局2007年版,第61页。

此之谓也。

(《荀子·王制》)①

【释义】

驾车的马受惊，君子就不可能安坐于车上；百姓害怕苛政，君王就不可能稳坐江山。马受惊最好的办法莫过于让它安静下来，百姓怕苛政安抚的最好办法莫过于给他们实惠。选用贤良之人，推举恭敬敦厚之人，倡导孝悌，收养孤寡，帮助贫穷，如果能做到这些，百姓就安顺于政了。百姓安顺，君王才能安位。古人说："君王好比是船，百姓好比是水。水能浮船，也能翻船。"说的就是这个道理。

修礼者王，为政者强，取民者安

【原文】

修礼者王，为政者强，取民者安，聚敛者亡。故王者富民，霸者富士，仅存之国富大夫，亡国富筐箧，实府库。筐箧已富，府库已实，而百姓贫，夫是之谓上溢而下漏，入不可以守，出不可以战，则倾覆

---

① 《荀子》，安小兰译注，中华书局2007年版，第76页。

灭亡可立而待也。

(《荀子·王制》)①

【释义】

遵循礼义的君王能成就帝王大业，善于处理政事的君王能富强，获得民心的君王能安坐江山，贪财敛宝的君王会导致灭亡。所以称王天下的君王使民众富足，称霸诸侯的君王使勇士富足，勉强能生存的国家使士大夫富足，而亡国之君王只是富足自己的箱子、塞满自己的仓库。自己的箱子、仓库装满了，而百姓却贫困了，这叫作上面漫出而下面漏，对内不能防守，对外不能打仗，那么它的覆灭之日马上就要到了。

明分使群，以义分群

【原文】

力不若牛，走不若马，而牛马为用，何也？曰：人能群，彼不能群也。人何以能群？曰：分。分何以能行？曰：义。故义以分则和，和则一，一则多力，

---

① 《荀子》，安小兰译注，中华书局2007年版，第78页。

多力则强,强则胜物,故宫室可得而居也。故序四时,裁万物,兼利天下,无它故焉,得之分义也。故人生不能无群,群而无分则争,争则乱,乱则离,离则弱,弱则不能胜物,故宫室不可得而居也,不可少顷舍礼义之谓也。

(《荀子·王制》)①

【释义】

人的力气不如牛大,奔跑不如马快,但牛马却被人驱使,这是什么原因呢?是因为:人能结合成群体,而它们不能。人为什么能结合成群体呢?是因为有等级名分制度。等级名分制度为什么能实行?是因为有礼义来维持。所以,有了礼义就可以确定名分而和谐相处,和谐就能团结一致,团结一致力量就大,力量大了就强大,强大了就能战胜身外之物,人们就可以制造房屋安居乐业。所以,人们能够依照一年四季的时节来安排劳作,管理好万事万物,使天下都受益,这并没有其他缘故,是因为有了名分和道义。所以,人要生存就不能不结合成群体,但群体没有等级

---

① 《荀子》,安小兰译注,中华书局2007年版,第90页。

名分的界限就会发生争端,一发生争端就会产生动乱,一产生动乱就会分离,一分离就会削弱力量,力量一旦削弱了就不能战胜外物,所以也就没有房屋安居了。这就是说,人不能片刻舍弃礼义。

【导读】

荀子的民本思想综合了战国道家、墨家、名家、法家的思想,对儒家民本思想进行了创造性的发展。荀子思想的一个特点是,与孟子的"性善论"相反,他主张"性恶论"。他认为,人生来就具有"恶"的一面:"人之性恶,其善者伪也。今人之性,生而有好利焉,顺是,故争夺生而辞让亡焉;生而有疾恶焉,顺是,故残贼生而忠信亡焉;生而有耳目之欲,有好声色焉,顺是,故淫乱生而礼义文理亡焉。"[①] 为避免由此产生的种种争夺和混乱,荀子主张要制定礼义来规范、调节人们的欲望和行为。"礼"即是荀子民本思想中一个最大的特点。《荀子》所有文章中,没有一篇不谈"礼"。

所以说,荀子民本思想中的驭民法则,核心是

---

① 《荀子》,安小兰译注,中华书局 2007 年版,第 267 页。

"礼"。那么什么是"礼"呢?"礼"是规范社会和民众行为的等级制度、道德准则和礼仪形式,是君王之所以是君王、下民之所以是下民的根据,是治国之根本、管人之法则,此所谓"人之命在天,国之命在礼"。荀子也谈到"道","道者,进则近尽,退则节求,天下莫之若也",在这里,"道"即是"礼"。

制定什么样的礼义呢?荀子认为"贵贱有等,长幼有差,贫富轻重皆有称者也",这是荀子设想的上下有别、尊卑有序的社会制度,是治民驭民的根本法则。

"礼"有多么重要呢?荀子认为它是"人道之极""道德之极""国之命脉","天下从之者治,不从者乱;从之者安,不从者危;从之者存,不从者亡""人无礼不生,事无礼不成,国家无礼不宁","礼有三本:天地者,生之本也;先祖者,类之本也;君师者,治之本也。"因而荀子认为"礼"是维系国家的生命线、安顿民生的重器,足见"礼"在荀子民本思想占据重要位置。

荀子认为"积礼义而为君子",即普通下民通过积累礼义德行,可以修炼成君子,进入上等人的行列,"积善全尽谓之圣人"则是更高的境界。这一思想具有一定的进步意义。

鉴于"礼"的重要性,荀子提出"隆礼"的观点,即对"礼"要给予高规格的重视。他把君王分成三种类型进行比较,"君人者,隆礼尊贤而王,重法爱民而霸,好利多诈而危"(《荀子·大略》),告诫君王,要"王天下"必须"隆礼"。但是荀子的"礼"与孔子的"礼"、孟子的"礼"有所不同,孔子的"礼"主要是指西周时期的礼义内涵和礼仪规范,孟子的"礼"是从本心出发,强调人性善和自我修养,而荀子的"礼"加入了"法"的成分,在"隆礼"的同时"重法",强调法制的约束,"明礼义以化之,起法正以治之,重刑罚以禁之",对民众要"禁暴恶恶,且惩其未也"。其"重法"的缘由正是建立在"性恶论"基础之上的。

荀子民本思想是建立在"性恶论"和"礼论"基础之上的,是对传统儒家民本思想的补充,是对诸子民本思想的借鉴,进一步丰富和完善了中国古代民本思想。

第三节 老子、庄子的民本思想

老子与庄子并称老庄，是道家学派的主要代表人物，他们创造的道家学派与孔孟创造的儒家学派一道，构成先秦文化的主流，后来演变成中华民族传统文化的两支主流，他们的民本思想是中国古代民本思想的重要组成部分。

老子（约公元前571—前471年），姓李，名耳，字聃，春秋时期楚国苦县厉乡曲仁里人，与孔子是同时代人，曾做过周朝"守藏室之官"（管理藏书的官员）。他是我国古代春秋时期的哲学家和思想家、道家学派创始人，存世有《道德经》，又称《老子》。在道教中，老子被尊为道教始祖。也有人对老子的身份存疑，但以上述说法为多。老子的学说上承杨朱，下启庄子，孔子也曾师从老子。老子的民本思想主要体现在《道德经》中，全文八十一章，五千言。

为而弗恃,功成而弗居

【原文】

天下皆知美之为美,斯恶已;皆知善之为善,斯不善已。有无相生,难易相成,长短相形,高下相倾,音声相和,前后相随,恒也。是以圣人处无为之事,行不言之教;万物作而弗始,生而弗有,为而弗恃,功成而弗居。夫唯弗居,是以不去。

(《老子·治国》)[①]

【释义】

天下人都知道美之所以为美,是因为有丑的存在;都知道善之所以为善,是因为有恶的存在。有和无相互依存,难和易相互形成,长和短相互比较,高和下相互依靠,音与声相互谐和,前和后相互跟随,这是永远存在的现象。

因此圣人用无为的方式处事,用不言的方式施行教化;任凭万物自然兴起而不首创,生养万物而不占有,有作为但不自恃,功业有成但不自居。正是因为

[①] 《老子》,饶尚宽译注,中华书局2015年版,第5页。

不居功,其功业才不会被湮没。

上善若水

【原文】

上善若水。水善利万物而不争,处众人之所恶,故几于道。

居善地,心善渊,与善仁,言善信,正善治,事善能,动善时。

夫唯不争,故无尤。

(《老子·修身》)[1]

【释义】

最善的人好像水一样。水滋养万物而不与之相争,汇聚在众人都不好去的地方,所以最接近于"道"。它处在最低洼地,心胸保持沉静而深邃,待人友善仁义,说话恪守信用,为政精于治理,做事能够发挥特长,行动善于把握时机。

因为不争,所以没有过失。

---

[1] 《老子》,饶尚宽译注,中华书局2015年版,第20页。

不知有之,亲而誉之

【原文】

太上,不知有之;其次,亲而誉之;其次,畏之;其次,侮之。信不足焉,有不信焉。

悠兮其贵言,功成事遂,百姓皆谓:"我自然。"

(《老子·治国》)①

【释义】

最好的君王,百姓感觉不到他的存在;次之的君王,百姓亲近而且赞美他;再次之的君王,百姓畏惧他;更次之的君王,百姓轻侮他。君王没有诚信,百姓就不会信任他。

好的君王悠然谨慎而不随意发号施令,功成业就,百姓都说:"我们本来就是这样在勤奋努力的。"

贵以贱为本,高以下为基

【原文】

昔之得一者,天得一以清,地得一以宁,神得一

---

① 《老子》,饶尚宽译注,中华书局2015年版,第43页。

以灵,谷得一以盈,万物得一以生,侯王得一以为天下正。

其致之也,天无以清,将恐裂;地无以宁,将恐废;神无以灵,将恐歇;谷无以盈,将恐竭;万物无以生,将恐灭;侯王无以正,将恐蹶。

故贵以贱为本,高以下为基。是以侯王自称孤、寡、不穀。此非以贱为本邪?非乎?故至誉无誉。是故不欲琭琭如玉,珞珞如石。

(《老子·治国》)[1]

【释义】

昔日的得道之——天得道就清明,地得道就宁静,神得道就显灵,山谷得道就充盈,万物得道就生长,侯王得道就能天下安定。

如果推而广之,天没有清明,恐怕就要崩裂;地没有安宁,恐怕就要震溃;神没有灵性,恐怕就要灭绝;山谷没有充盈,恐怕就要枯竭;万物没有生长,恐怕要灭绝;侯王没有安定,恐怕就要覆灭。

所以,贵以贱为根本,高以低为基础。因此侯王

---

[1] 《老子》,饶尚宽译注,中华书局2015年版,第97页。

们自称"孤""寡""不榖",不就是以低贱为根本吗?不是吗?所以最高的荣誉无须赞誉。因此不愿意像晶莹的美玉,而宁愿像坚硬的石块。

圣人常无心,以百姓心为心

【原文】

圣人常无心,以百姓心为心。

善者,吾善之;不善者,吾亦善之,德善。

信者,吾信之;不信者,吾亦信之,德信。

圣人在天下,歙歙焉,为天下浑其心。百姓皆注其耳目,圣人皆孩之。

(《老子·治国》)[1]

【释义】

圣人常常是没有私心的,以百姓的心为自己的心。

对善良的人,我善待他;对不善良的人,我也善待他,这就是善良的道德。

对守信的人,我信任他;对不守信的人,我也信

---

[1] 《老子》,饶尚宽译注,中华书局2015年版,第119页。

任他，这就是诚信的道德。

圣人在其位，谨慎收敛，使天下百姓混沌的心归于纯朴。百姓都专注于自己所听所见的欲望，但圣人要使他们都回到孩童般纯朴的状态。

治大国，若烹小鲜

【原文】

治大国，若烹小鲜。

以道莅天下，其鬼不神。非其鬼不神，其神不伤人；非其神不伤人，圣人亦不伤人。夫两不相伤，故德交归焉。

（《老子·治国》）[1]

【释义】

治大国，就像煎小鱼（翻腾多了，小鱼就会碎）。

用"道"治理天下，鬼就不灵了。不仅鬼不灵，神也伤不了人；不但神伤不了人，圣人也不会伤及人。这样，鬼神和圣人不相互伤害，所以，功德就会回归百姓。

---

[1] 《老子》，饶尚宽译注，中华书局2015年版，第146页。

圣人欲上民，必以言下之

【原文】

江海之所以能为百谷王者，以其善下之，故能为百谷王。

是以圣人欲上民，必以言下之；欲先民，必以身后之。是以圣人处上而民不重，处前而民不害，是以天下乐推而不厌。以其不争，故天下莫能与之争。

(《老子·治国》)①

【释义】

江海之所以能成为百川河流汇聚的地方，是由于它善于处在低下的地方，所以能够成为百川之王。

因此，圣人要领导百姓，必须用言辞对百姓表示谦下；要想优先于百姓，必须把自己放在他们的后面。所以，圣人虽然地位居于百姓之上，而百姓并不感到负担重，居于百姓之前而百姓并不感到受害，所以天下百姓都乐意拥戴而不感到厌倦。因为他不与百姓相争，所以天下没有能和他相争的。

---

① 《老子》，饶尚宽译注，中华书局2015年版，第161页。

重民本

【导读】

中国古代任何一位思想家都不能不面对民众，任何一种思想学说都不能不探讨对社会的管理和对民众的统治问题。作为春秋时期奴隶主阶级代表的思想家和士大夫，老子必须面对民众，有自己的驭民主张。一些说老子没有民本思想的观点是站不住脚的。

老子的《道德经》以道家独特的方式表达自己的民本思想。主要表现如下：

其一，老子的民本思想首先体现在君民关系上。老子认为，统治者必须效法天道。什么是"道"呢？《道德经》用了八十一章中的十四章论道。老子的"道"与孔子的"道"即仁义不同，主要指自然混沌先于天地而生，效法自然而成的宇宙本体和规律法则；大道无象无形、无影无踪，是一种"无"，人的感官无法知觉，但又确实存在、无处不有，寓于万物之中，"无"支配"有"；道不依人而独立存在，周而复始、对立存在、运动转化、化育万物，完成着自然和社会的变化；"道"的存在不妄大，反成其伟大，空虚不盈，清静无为，自守其质朴、洁净、宁静、玄妙、幽深、隐约。老子用这种虚无却存的天道，取代商周时期的天命观，具有神秘唯心主义色彩。就君王治国而言，老子认为统治者要无私无欲地善待民众、善待万物，不要造成物人差别、人人差别。由此衍生出"贵以贱为本，高以下为基""圣人欲上民，必以言下之；欲先民，必先身后之""圣人处上而民不重，处前而民不害"理念。要求统治者不要过分看重自己，与孟子"民贵君轻"理念一样，承认民众的地位和民众自我管理的能力。老子以"柔""下"之心待民，以"无君"胜"有君"、"无为"胜"有为"的思想，成为处理君民关系的准则之一。

其二，老子的民本思想主张无为清静。针对春秋战国动荡之际，统治者横征暴敛、为所欲为，穷兵黩武、战事频仍的现实，老子主张"绝圣弃智，民利百倍；绝仁弃义，民复孝慈；绝巧弃利，盗贼无有"，具有批判的力量和建设的力量。他告诫当权者当俭约谦下，不能高居在上；当节俭朴素，不能奢侈无度；当清净寡欲，不能欲望横行。老子认为，治政贵在无为、淳朴、自然，"治大国，若烹小鲜"，不折腾、不扰民，让社会在天道的支配下自由发展，民众在天道的支配下自行管理。

其三，老子的民本思想明确反对"以智治国"。老子认为："古之善为道者，非以明民，将以愚之。"历史上许多学者批评说这是老子的愚民政策，实际上这是一种误解。理解这句话，应当将前后文联系起来。因为就在这句话下面，紧接着是另一句话："民之难治，以其多智。故以智治国，国之贼；不以智治国，国之福"，在这里，老子认为，以巧智心计治国者是国之贼，而以愚朴之法治国者是国之福，可见老子的"将以愚之"并非愚民，而是"无为"、淳朴，是不以智驭民。这样解读才符合老子无为而治、反对过多干预民生的思想原意。

其四，老子的民本思想体现在其构建的理想社会中。"小国寡民"是老子设计的一种社会模式，在这个理想国里，没有官扰民，没有重赋税，人们"甘其食，美其服，安其居，乐其俗。邻国相望，鸡犬之声相闻，民至老死不相往来"。这是一个公平、平等的社会，没有压迫，没有剥削，没有争斗，人们无知无欲，见素抱朴，远离时代发展，回到原始状态、复古状态。这一民本思想充满浓厚的理想色彩。

其五，老子的民本思想里有反战表达。他认为，战争带给民众的是动荡、灾难、痛苦，此所谓"伤心秦汉经行处，宫阙万间都做了土。兴，百姓苦；亡，百姓苦！""师之所处，荆棘生焉。大军之后，必有凶年""夫唯兵者，不祥之器，非君子之器，不得已而用之，恬淡为上"。反对战争，反对炫耀武力，尤其反对主动发起战争，主张可以开展不得已而为之的防御应战，是老子表达的民本观。

老子的民本思想在当时现实中具有一定的批判性和针对性，有积极的价值，其中一些思想至今有效，但其不顾现实、远避发展的消极观念应予扬弃。

庄子（约生活在公元前369—前286年），姓庄，名周，字子休，战国时期宋国蒙人，曾做过宋国地方的漆园吏，先祖是宋国君主宋戴公。他是我国古代东周战国中期的思想家、哲学家和文学家，创立了哲学学派庄学，主要作品是《庄子》。

大翼培风

【原文】

且夫水之积也不厚，则其负大舟也无力。覆杯水于坳堂之上，则芥为之舟，置杯焉则胶，水浅而舟大也。风之积也不厚，则其负大翼也无力。故九万里则风斯在下矣，而后乃今培风；背负青天而莫之夭阏者，而后乃今将图南。

(《庄子·逍遥游》)①

【释义】

如果聚集的水不深，那么它就没有负载一艘大船的力量了。在堂前低洼的地方倒上一杯水，一棵小草就能被当作是一艘船，放一个杯子在上面就会被粘住，这是水浅而船却大的原因。如果聚集的风不够强大的话，那么负载一个巨大的翅膀也就没有力量了。因此，鹏在九万里的高空飞行，风就在它的身下了，凭借着风力，背负着青天毫无阻挡，然后才开始朝南飞。

相呴以湿　相濡以沫

【原文】

泉涸，鱼相与处于陆，相呴以湿，相濡以沫，不如相忘于江湖。与其誉尧而非桀也，不如两忘而化其道。

(《庄子·大宗师》)②

---

① 《庄子》，孙通海译注，中华书局2015年版，第5页。
② 《庄子》，孙通海译注，中华书局2015年版，第121页。

【释义】

泉水干涸了，鱼儿困在陆地上相互依偎，互相大口出气来取得一点湿气，以唾沫相互润湿，不如将过去江湖里的生活彻底忘记。与其赞誉唐尧的圣明而非议夏桀的暴虐，不如把他们的善恶都忘掉而融化于"道"中。

无有者

【原文】

老聃曰："明王之治，功盖天下而似不自己，化贷万物而民弗恃；有莫举名，使物自喜；立乎不测，而游于无有者也。"

（《庄子·应帝王》）①

【释义】

老子说："圣明的君王治理天下，功绩布满天下却又像跟自己没有任何关系，教化培育万物而百姓却不觉得有所依赖；功德无量却无法去以名称谓，使天下万物欣然自得；自己立足于高深莫测之地，而生活

---

① 《庄子》，孙通海译注，中华书局 2015 年版，第 151 页。

在无为的世界里。"

民有常性

【原文】

吾意善治天下者不然。彼民有常性，织而衣，耕而食，是谓同德。一而不党，命曰天放。故至德之世，其行填填，其视颠颠。当是时也，山无蹊隧，泽无舟梁；万物群生，连属其乡；禽兽成群，草木遂长。是故禽兽可系羁而游，鸟鹊之巢可攀援而窥。夫至德之世，同与禽兽居，族与万物并，恶乎知君子小人哉？同乎无知，其德不离；同乎无欲，是谓素朴。素朴而民性得矣。

(《庄子·马蹄》)[1]

【释义】

我认为善于治理天下的人不会这样。那些百姓有他们固定不变的天性，他们织布穿衣、耕种吃饭，这是人类共有的本能。人们的思想行为浑然一体没有偏向，这就叫作任其自然。所以在最有道德的年代，人

---

[1] 《庄子》，孙通海译注，中华书局2015年版，第168页。

们的行为悠闲自得。正是在这个年代里，山里没有小路和隧道，水上没有船只和桥梁；万物共同生活在一起，居所相连；禽兽成群结队，草木生长。所以禽兽可以供人用绳子牵着游玩，鸟鹊的巢窠可以任人攀登上去窥探。在那最有道德的年代，人类跟禽兽混杂而居，与万物聚集并存，哪里知道什么君子、小人呢？人们几乎不用心智技巧，本性就不会丧失；人们几乎没有贪欲，这就叫作纯真朴实。有了纯真朴实，人类的本性就保留下来了。

在宥天下

【原文】

闻在宥天下，不闻治天下也。在之也者，恐天下之淫其性也；宥之也者，恐天下之迁其德也。天下不淫其性，不迁其德，有治天下者哉？昔尧之治天下也，使天下欣欣焉人乐其性，是不恬也；桀之治天下也，使天下瘁瘁焉人苦其性，是不愉也。夫不恬不愉，非德也；非德也而可长久者，天下无之。

(《庄子·在宥》)[①]

[①] 《庄子》，孙通海译注，中华书局2015年版，第179页。

【释义】

只听说听任天下百姓自由自在地生活的,没有听说要对天下百姓进行治理的。要凭由天下百姓自由自在地生活,是担心他们丧失了本性;要凭由天下百姓安闲宽松地生活,是担心他们改变了德性。如果天下百姓都不丧失本性,不改变德性,还用得着治理天下吗?从前唐尧治理天下,使天下百姓都欣欣然由着自己的本性,这是不安宁了;当年夏桀治理天下,使天下百姓忧心不已无法发挥自己的本性而痛苦,这是不愉快了。这样的不安宁、不愉快,并不是人的自然本性。不是自然本性而能长治久安,天下没有这样的事。

【导读】

庄子的思想极其丰富和深邃,涵盖面很广、寓意很深,后世可以从各个角度解读。从民本思想来看,至少包括以下方面:

一是对生命价值的珍视。庄子生活的战国时期,是中国古代历史上最动荡的时期之一。诸侯国之间的战争频率高、规模大,战争方式极其野蛮残酷。例如秦、赵之间的长平之役,秦将白起大破赵军,坑杀了降卒40万。孟子描述当时的社会是"争地以战,杀人盈野;争城以战,杀人盈城"。生存、生活的艰难,生灵涂炭,民不聊生,引发了庄子对生命的思考,庄子的民本思想正是在这种社会背景下出现的。《史记·老子韩非列传》记载了这样一件事,楚威王听说庄子贤德,就派人携重金请他做宰相,但被庄子一笑谢之:"千金,重利;卿相,尊位也。子独不见郊祭之牺牛乎?养食之数岁,衣以文绣,以入太庙。当是之时,虽欲为孤豚,岂可得乎?子亟去,无污我。我宁游戏污渎之中自快,无为有国者所羁。"他以"终身不仕"来作为自己的志向。在庄子看来,高官厚禄尊位都不重要,生命和生命的价值是最重要的。庄子主张"全生养身",反对儒家的"杀身成仁",他认为这是对生命的践踏和生命价值的毁灭。在《养生主》篇中,庄子认为"缘督以为经,可以保身,可以全生,可以养亲,可以尽年",这才是最珍贵的。中国古代士大夫所遵循"达则兼济天下,穷则独善其身"的信条,实际上就是儒道思想的合一。

二是对自由精神的向往。庄子在《马蹄》篇中认为,"马,蹄可以践霜雪,毛可以御风寒,龁草饮水,翘足而陆",这是马的真性,但是如果把马置于高台大堂之上,"虽有义台路寝"也无所作为,如果再"烧之,剔之,刻之,雒之,连之以羁,编之以皁栈",把马控起来,使马失去了天性。如果进而"饥之,渴之,驰之,骤之,整之,齐之,前有橛饰之患,而后有鞭之威",那么马连生命都难以保证了。庄子此意在反对束缚和羁绊,提倡回归自然和自由,恢复民众的天性和人的自由。《逍遥游》中的"水击三千里,抟扶摇而上九万里",是一种浪漫思维,更是他对自由社会的渴盼、对自由世界的向往,在庄子看来,没有什么比人的自由解放更重要的了。

三是对"无为"思想的主张。在庄子看来,现实社会的动荡源于君王的"治","治"是乱的根本原因,所以庄子主张摒弃仁义和礼乐,解除一切束缚和羁绊,让民众回到自由状态,让社会回到原生状态,让事物回归自然本性。庄子对于仁义、礼乐的虚伪性、蒙蔽性有不少揭露、抨击,甚至指责孔子和儒者为"天刑"者,指出统治者治理天下的规矩和办法,都是对社会自然属性和民众本性的伤害,是"圣人之过"。这也正是庄子不愿意当官的原因,除了不自由,更重要的是不想入世。"入仕"即入世,是对世俗生活和现实社会的干预,这正是庄子要反对的,"无为"

是他和老子共同的政治主张。这是庄子民本思想深处的动因。

庄子的无为思想当然有消极意义，如果任由事物的状态自由发展，人性的弱点会导致社会的自由散漫和无序。但是他关于尊重人的天性、主张人的自由、珍视生命价值、减少"乱作为"的观点有积极意义，是中国古代民本思想的组成部分。

第四节　墨子、杨朱、韩非的民本思想

墨子（约公元前468—前376年，不确考），名翟，东周春秋末期战国初期的宋国人，亦说鲁国人，或者楚国人，著名思想家、教育家、科学家、军事家。墨家学派的创始人。墨子的思想主要体现在《墨子》中。有后人指出，《墨子》一书并非墨翟本人所著，而是由其门人学徒渐次辑录而成，成书甚至晚于《孟子》，原为七十一篇，现存五十三篇。

墨子的思想主要包括"兼爱""非攻""尚贤""尚同""尊天""事鬼""非乐""非命""节用""节葬"等，其民本思想体现在这些思想中。

圣王兼爱天下　暴王兼恶天下

【原文】

昔之圣王禹汤文武，兼爱天下之百姓，率以尊天事鬼，其利人多，故天福之，使立为天子，天下诸侯皆宾事之。暴王桀纣幽厉，兼恶天下之百姓，率以诟天侮鬼，其贼人多，故天祸之，使遂失其国家，身死为僇于天下，后世子孙毁之，至今不息。故为不善以得祸者，桀纣幽厉是也；爱人利人以得福者，禹汤文武是也。爱人利人以得福者有矣，恶人贼人以得祸者亦有矣。

(墨子《法仪》)[1]

【释义】

以前的圣明的君王夏禹、商汤、周文王、周武王，兼爱天下百姓，率领他们一道崇敬上天、侍奉鬼神，给百姓带来的利益多，所以上天降福给他们，使他们成为天子。天下的诸侯都恭敬地侍奉他们。而暴虐的君王夏桀、商纣、周幽王、周厉王，憎恨天下百

---

[1] 《墨子》，方勇译注，中华书局2011年版，第24页。

姓，还率领他们诅咒上天、侮辱鬼神，他们残害的人多，所以上天降祸于他们，使他们丧失了国家，身死还要受辱于天下。后代子孙责骂他们，至今还没有停止。所以做坏事而得祸的，像夏桀、商纣、周幽王、周厉王就是；爱人利人而得福的，像夏禹、商汤、周文王、周武王就是。爱人利人而得福的人是有的，憎恨人残害人而得祸的人也是有的。

尚 同

【原文】

国君治其国，而国既已治矣，有率其国之万民，以尚同乎天子，曰："凡国之万民上同乎天子而不敢下比。天子之所是，必亦是之；天子之所非，必亦非之。去而不善言，学天子之善言；去而不善行，学天子之善行。"天子者，固天下之仁人也，举天下之万民以法天子，夫天下何说而不治哉？察天子之所以治天下者，何故之以也？曰：唯以其能一同天下之义，是以天下治。

(墨子《尚同》)①

---

① 《墨子》，方勇译注，中华书局 2011 年版，第 96 页。

【释义】

国君治理国家,国已治好,又率领国中万民,去统一道义于天子,说:"凡是国中的万民都应与天子保持一致而不得勾结下面。天子认为是对的,大家必须赞同;天子认为是不对的,大家也必须认为不对。去掉你们不好的言论,学习天子好的言论;去掉你们不好的行为,学习天子的好行为。"天子本来就是天下最仁爱的人,如果全天下的民众都能效法天子,那么还能说天下治理不好吗?考察天子之所以能把天下治理好,是什么缘故呢?回答说:"只是因为他能统一天下的道义,所以天下就得以治理。"

兼 爱

【原文】

若使天下兼相爱,爱人若爱其身,犹有不孝者乎?视父兄与君若其身,恶施不孝?犹有不慈者乎?视弟子与臣若其身,恶施不慈?故不孝不慈亡有。犹有盗贼乎?故视人之室若其室,谁窃?视人身若其身,谁贼?故盗贼亡有。犹有大夫之相乱家、诸侯之相攻国者乎?视人家若其家,谁乱?视人国若其国,谁攻?故大夫之相乱家,诸侯之相攻国者亡有。若使天下兼相爱，国与国不相攻，家与家不相乱，盗贼无有，君臣父子皆能孝慈，若此则天下治。故圣人以治天下为事者，恶得不禁恶而劝爱？故天下兼相爱则治，交相恶则乱。故子墨子曰：不可以不劝爱人者，此也。

(墨子《兼爱》)[1]

【释义】

假使天下都能相亲相爱，爱别人就像爱自己，还能有不孝顺的人吗？看待父亲兄长及君王像看待自己一样，怎么会做出不孝顺的事情呢？还会有不慈爱的人吗？看待弟弟及臣子就像看待自己一样，怎么会做出不慈爱的事情呢？所以不孝顺、不慈爱的事情就没有了。这样还会有强盗和贼寇吗？所以看待别人的家就像看待自己的家一样，谁还会去盗窃？看待别人的身体就像看待自己的身体一样，谁还会去害人呢？所以强盗和贼寇就没有了。这样还会有大夫之间相互侵害、诸侯之间相互攻伐的事情吗？看待别人的家族就像自己的家族一样，谁还侵害？看待别人的国家就像

---

[1] 《墨子》，方勇译注，中华书局2011年版，第122页。

自己的国家一样,谁还攻伐?所以大夫相互侵害家族,诸侯相互攻伐封国,就没有了。如果天下的人都相亲相爱,国家与国家之间互不攻伐,家族与家族之间不再侵害,没有了强盗与贼寇,君臣父子之间都能孝敬慈爱,像这样天下就治理好了。所以圣人以治理天下为己任,怎么能不禁止互相仇恨而劝导相爱呢?因为天下相亲相爱就能治理好,相互仇恨就会混乱,所以墨子说:"不能不劝导爱别人",道理在此。

非 攻

【原文】

国家发政,夺民之用,废民之利,若此甚众,然而何为为之?曰:我贪伐胜之名,及得之利,故为之。子墨子言曰:计其所自胜,无所可用也;计其所得,反不如所丧者之多。

是故古之仁人有天下者,必反大国之说,一天下之和,总四海之内。焉率天下之百姓,以农臣事上帝山川鬼神。利人多,功故又大,是以天赏之,鬼富之,人誉之,使贵为天子,富有天下,名参乎天地,至今不废。此则知者之道也,先王之所以有天下者也。

夫杀之人，灭鬼神之主，废灭先王，贼虐万民，百姓离散，则此中不中鬼之利矣。意将以为利人乎？夫杀之人，为利人也博矣。又计其费，此为周生之本，竭天下百姓之财用，不可胜数也，则此下不中人之利矣。

(墨子《非攻》)①

【释义】

国家发动战争，夺走百姓的财用，废掉百姓的利益，像这样的情况很多，但为什么还要去做这样的事呢？回答说：我贪得了战胜者的声名，还获得了利益，所以愿意去干这种事。墨子说：算算他所赢得的胜利，是没有什么用处的；算算他们所得到的东西，反而不如他所失去的多。

所以古时拥有天下的仁人，必然反对大国攻伐的说法，使天下的人亲和一致，统领四海之天下。于是率领天下百姓务农，以臣礼仪侍奉上帝、山川、鬼神。利人之处多，功劳又大，所以上天赏赐他们，鬼神富裕他们，人们赞誉他们，使他们贵为天子，富有

---

① 《墨子》，方勇译注，中华书局2011年版，第158页。

天下，名享天下，至今都不废。这就是智者之道，先王所获得天下的原因。

杀人的人，灭掉了鬼神的祭主，废灭了先王，残害虐待民众，使百姓分散，那么其中就不符合鬼神的利益了。还认为这是有利于人民吗？杀人的人，得到的利很微薄。再算算那些费用，全都是民众的本钱，竭尽了天下所有百姓的财用，就不可胜数了，那么，这样对下就不符合民众的利益了。

合于圣王而为之，合于暴王而舍之

【原文】

子墨子曰："凡言凡动，利于天、鬼、百姓者为之；凡言凡动，害于天、鬼、百姓者舍之。凡言凡动，合于三代圣王尧、舜、禹、汤、文、武者为之；凡言凡动，合于三代暴王桀、纣、幽、厉者舍之。"

(墨子《贵义》)[1]

【释义】

墨子说："一切言论一切行动，有利于天、鬼神、

---

[1] 《墨子》，方勇译注，中华书局2011年版，第414页。

百姓的，就去做；一切言论一切行动，有害于天、鬼神、百姓的，就舍弃。一切言论一切行动，合乎三代圣王尧、舜、禹、商汤、周文王、周武王的，就去做；合乎三代暴君夏桀、商纣、周幽王、周厉王的，就舍弃。"

【导读】

墨子是春秋时期的思想家，比孔子小80多岁，比孟子大90多岁，他们生活的时代相近，面对的社会问题也相近。儒家学说和墨家学说都是当时的两大显学。《淮南子·主术训》中说"孔丘、墨翟修先圣之术，通六艺之论"，《淮南子·要略》中说"墨子学儒者之业，受孔子之术"，这意味着墨子最早也是研习儒学的，因此儒、墨二学是同源而异流。

由于与孔子的贵族出身不同，墨子出身低贱，做过木工，因而他的民本思想与孔子处处维护贵族利益和统治者地位的出发点是不一样的。墨子对社会底层民众"饥者不得食，寒者不得衣，劳者不得息"的状况熟悉，而且对儒家学说"以为其礼烦扰而不悦，厚葬靡财而贫民，服伤生而害事"感到不满，因此墨子主张"背周道而用夏政"。孔子对社会"礼崩乐坏"的现状深感忧虑，主张用周礼挽救世风，具有理想主义色彩，而墨子的民本思想关注点更加具有平民视角，充满现实主义色彩，最终走到了儒家思想的对立面，成为其批判者，指责"儒者之道，足以丧天下"。相传墨家弟子多来自社会下层三教九流，以苦修行，以苦励志，个个能赴火蹈刀，身怀技艺。善辩者称为"墨辩"，善武者称为"墨侠"，墨家领袖称为"钜子"。而且有着严密的组织和严明的纪律，"墨者之法，杀人者死，伤人者刑"。

"兼相爱，交相利"是墨子学说的核心，也是其民本思想的基础。在这里，"兼"，即视人如己；"兼爱"，就是爱人如爱己；"天下兼相爱"就可以达到"交相利"；如果人与人之间的交往都是有利的，那么这个社会就是和谐的。基于这一思想，墨子在政治上主张"尚贤""尚同""非攻"，在经济上主张"节用"，在思想上主张"上尊天，中事鬼神，下爱人"。

墨子主张"兼爱"，兼而爱之，从而利之，"视人之国，若视其国；视人之家，若视其家；视人之身，若视其身。是故诸侯相爱，则不野战；家主相爱，则不相篡；人与人相爱，则不相贼；君臣相爱，则惠忠；父子相爱，则慈孝；兄弟相爱，则和调。天下之人皆相爱，强不执弱，众不劫寡，富不侮贫，贵不敖贱，诈不欺愚"，这些"兼爱"是广义的爱，是从平民视角出发的平等的爱。这些观点的提出，也体现了墨子博爱的思想。

墨子主张"节用"，尤其是君王要节制自己的欲望，适可而止，不能追求奢华。他在《辞过》篇中说，古代圣王建宫室的原则是，地基高度能够避免潮湿、四面墙能够抵御寒风、房顶能够遮挡雪霜雨露、墙高能够满足男女有别就行了，而现在的君王修建豪华宫殿劳民伤财，必定向民众横征暴敛搜刮民财，国家的钱不够用，百姓因此变穷，也更难于管理了。墨子并不一味反对君王，但建议在建宫室、做衣服、用饮食、造舟车、养妻妾这五件事上要有所节制，不要损民、劳民、侵民。"厚葬久丧，重为棺椁，多为衣衾，送死若徙，三年哭泣，扶后起，杖后行，耳无闻，目无见，此足以丧天下。又弦歌鼓舞，习为声乐，此足以丧天下。又以命为有，贫富寿夭、治乱安危有极矣，不可损益也。为上者行之，必不听治矣；为下者行之，必不从事矣。此足以丧天下。"墨子在《公孟》篇中，历数了儒家这些繁文缛节的弊端，认为在"力不足，财不赡，知不知"情况下如此厚葬久丧，是加重民众负担，主张节葬，"俭节则昌，淫佚则亡"；墨子还认为大钟、鸣鼓、琴瑟、竽笙等奏乐虽然好听，但不符合圣明君王的要求，不符合民众的利益，"上不中圣王之事，下不能解决民之三患"，也是不好的，需要节用。墨子这里的判断，显然是从平民角度出发而作出的。

墨子经常提醒君王要为百姓办实事，不能徒劳无益甚至劳民伤财。在《七患》篇列举了国家必亡的七种情形，指出"先尽民力无用之功，赏赐无能之人，民力尽于无用，财宝虚于待客"是国家灾患之一，要多体恤民情，发展民生，"一谷不收谓之馑，二谷不收谓之旱，三谷不收谓之凶，四谷不收谓之馈，五谷不收谓之饥"，如果"民无仰则君无养，民无食则君不可事"，所以墨子说："食不可不务也，地不可不力也，用不可不节也。"这种民本思想是建立在对最下层民众社情和民情上的，因而尤显深刻和清醒。

为国家推举贤能也是墨子的民本思想之一，他认为君王为政，国家不富而贫、不众而寡、不治而乱，原因是不能尚贤事能，他在《尚贤》篇中说："国有贤良之士众，则国家之治厚；贤良之士寡，则国家之治薄"，因而主张要对贤德之人"富之、贵之、敬之、誉之"。尤其值得指出的是，墨子提出"列德而尚贤"要不拘一格，"虽在农与工肆之人，有能则举之，高予之爵，重予之禄，任之以事，断予之令"，他的"民无终贱，有能则举之，无能则下之，举公义，辟私怨"观点，具有相当进步的意义，是墨子民本思想的闪光点，尤为可贵。

综观墨子兼爱、非攻、尚同、节用、非乐、非命、非儒、修身、辞过、尚贤、节葬等论述，会发现其民本思想的辉光难掩。

杨朱（约公元前450—约前370年），别名杨子、杨子居、阳生，魏国（亦说秦国）人，有人说他是老子的学生。道家杨朱学派的创始人。他虽然没有专著，但观点散见于《列子》《庄子》《孟子》《韩非子》《吕氏春秋》等，战国初期成为显学，有"天下之言，不归杨，则归墨"之说。

关于杨朱的思想，《孟子》曰，"杨子取'为我'，拔一毛而利天下，不为也"；《吕氏春秋》曰，"阳生贵己"；《韩非子》曰，"今有人于此，义不入危城，不处军旅，不以天下大利易其胫一毛……轻物重生之士也"；《淮南子》曰，"全性保真，不以物累形：杨子之所立也。"从这些先哲的论述中可以得知，"为我""贵己""重生""全性保真"是杨朱的主要思想。

《列子·杨朱》讲述了这样一个故事:"墨子的学生禽子问杨朱说,如果拔你身上的一根毫毛,去帮助天下的人,你干吗?杨朱回答说,天下的问题决不是一根毫毛能解决得了的。禽子说,如果能解决的话,你愿意干吗?杨朱不作答。"《列子·杨朱》因此说:"古之人损一毫利天下不与也;悉天下奉一身不取也。人人不损一毫,人人不利天下,天下治矣。"[①] 这正是成语"一毛不拔"的出处。这些话把杨朱思想进行了高度的提炼和总结。

杨朱的思想"拔一毛以利天下"都不干,而墨子却是"摩顶放踵,利天下,为之",两者思想恰好决然相反,因此杨朱批评墨子思想,而杨朱思想又遭到墨家的攻击,同时杨朱的思想还受到儒家"亚圣"孟子的批评,斥之为"无君""禽兽"。

杨朱思想出于老子道家,但与老子以"无为"治国思想不同,而是与庄子思想相近,向着人性的自由、自我、本真方向发展,以致达到虽不损人但也决不利人的极端。从民本角度解释,人与人之间既无须

---

① 《列子》,叶蓓卿译注,中华书局2011年版,第193页。

相互帮助，也不要相互侵害，各自珍重，互不侵扰。因此杨朱的思想作为道家思想的一部分，成为中国古代文化中修身文化的重要内容，以及普通民众明哲保身的人生哲学。

韩非，亦称韩非子（约公元前280—前233年），战国时期韩国人，杰出思想家、哲学家和散文家。他吸收了老子的辩证法、朴素唯物主义思想，被称为最得老子思想精髓的思想家之一。

韩非思想的法家思想有三个主要来源：

一是商鞅的"法"。商鞅（约公元前395—前338年），又称卫鞅、公孙鞅，因获封地商，亦称商君。战国时期卫国人，政治家、改革家、思想家，法家代表人物。商鞅为秦国所用，推进"商鞅变法"，通过制定严酷的法律，重农抑商、奖励耕织，推动户籍制度、军功爵位、土地制度、行政区划、税收、度量衡以及民风民俗的改革，使秦国成为最强大的国家。

二是申不害的"术"。申不害（公元前385—前337年），亦称申子，先事于郑国，郑国被灭后事于韩国，被韩昭侯重用为丞相。申不害为相19年，力主改革，"内修政教，外应诸侯"，推行"法"治、"术"治。他的"术"治，主要是指利用权力驾驭臣民之术，包括"阳术""阴术"，主要用于整顿吏治，加强考核和监督，"见功而与赏，因能而授官"，提高行政效率；限制贵族集团利益，发展民生，促进政局稳定。韩国在他治理的十五年间变得强盛起来，史称"终申子之身，国治兵强，无侵韩者"。申不害的哲学思想主要是君主哲学、政治哲学。

三是慎到的"势"。慎到（约公元前390—前315年），亦称慎子。战国时期赵国人，专攻"黄老之术"，是从道家中分离出来的法家代表人物，为法家创始人之一。慎到虽崇尚自然，尊崇"黄老之术"，但与老子的"绝圣弃智，复古归朴"、庄子的"完美自然"不同，慎到主张人在与自然的关系中应该发挥主观能动作用，君主应该积极地干预社会生活。慎到坚决主张"法治"，认为"治国无其法则乱"而且君主要利用自己的权势推行"法治"。

韩非汲取了以上三者的精髓，他的思想中既有对他们思想的融会贯通，又有自己的独特创新，成为法家思想的集大成者，加上师承荀子，吸收了儒家思想，还吸纳了墨家思想、名家思想等，因此说，韩非是法家思想的代表人物之一，又是战国时期各种思想的集大成者。韩非的思想是富国强兵的思想。

韩非著有《韩非子》一书，计55篇，10万余字，他的民本思想蕴含其中。

法不阿贵　赏不遗民

【原文】

故以法治国，举措而已矣。法不阿贵，绳不挠曲。法之所加，智者弗能辞，勇者弗敢争。刑过不辟大臣，赏善不遗匹夫。故矫上之失，诘下之邪，治乱决缪，绌羡齐非，一民之轨，莫如法。厉官威民，退淫殆，止诈伪，莫如刑。刑重，则不敢以贵易贱；法审，则上尊而不侵。上尊而不侵，则主强而守要，故先王贵之而传之。人主释法用私，则上下不别矣。

（《韩非子·有度》）①

【释义】

（所以）以法治国，不过是制定出来、实行下去罢了。法令不偏袒权贵，墨绳不迁就弯曲。法令该制裁的，智者不能逃避，勇者不敢抗争。惩罚罪过不回避大臣，奖赏功劳不漏掉平民。所以矫正上面的过

---

① 《韩非子》，陈秉才译注，中华书局2015年版，第17页。

失，追究下面的奸邪，治理纷乱，判断谬误，削减多余，纠正错误，统一民众的规范，没有什么比得上法律的。整治官吏，威慑民众，除去淫乱怠惰，禁止欺诈虚伪，没有什么比得上刑罚的。刑罚重了，就不敢因地位高而轻视地位低的；法令严明，君主就尊贵不受侵害。尊贵不受侵害，君主就强有力而掌握威权，所以先王重视法律并传承下来。君主放弃法治而用私情，君臣之间就没有什么区别了。

徭役少则民安

【原文】

徭役多则民苦，民苦则权势起，权势起则复除重，复除重则贵人富。苦民以富贵人，起势以藉人臣，非天下长利也。故曰：徭役少则民安，民安则下无重权，下无重权则权势灭，权势灭则德在上矣。今夫水之胜火亦明矣，然而釜鬵间之，水煎沸竭尽其上，而火得炽盛焚其下，水失其所以胜者矣。

(《韩非子·备内》)[①]

[①] 《韩非子》，陈秉才译注，中华书局2015年版，第82页。

【释义】

徭役多百姓就困苦,百姓困苦有权势者就发展起来;有权势者发展起来,免除徭役和赋税的人就增多,免除徭役和赋税的人增多,权势者就富起来。君王侵害百姓而使权贵富有,就给了权势者扩张的机会,这并非天下的长远利益。所以说,徭役轻百姓就安定,百姓安定有权势者就没有重权;有权势者没有重权,他们的势力就消灭了。他们势力的消灭功劳全在君王了。从这个角度看来,水能灭火是很明了的,然而锅釜等容器把水与火隔开,水在上面沸腾以至烧干,而火在下面却烧得很旺盛,但水灭不了火的原因在于水失去了灭火的条件。

有道之君贵静

【原文】

工人数变业则失其功,作者数摇徙则亡其功。一人之作,日亡半日,十日则亡五人之功矣;万人之作,日亡半日,十日则亡五万人之功矣。然则数变业者,其人弥众,其亏弥大矣。凡法令更则利害易,利害易则民务变,务变之谓变业。故以理观之:事大众而数摇之,则少成功;藏大器而数徙之,则多败伤;

烹小鲜而数挠之，则贼其泽；治大国而数变法，则民苦之。是以有道之君贵静，不重变法。故曰："治大国者若烹小鲜。"

(《韩非子·解老》)①

【释义】

工匠频频变换职业就会降低功效，劳作者屡屡改变劳动场所就会丧失功效。一个人的劳作，一天丢失半天，十天就相当于丢失五个人的功效；一万人的劳作，一人一天丢失半天，十天就相当于丢失五万人的功效。既然如此，那么屡变作业的人，人越多损失就越大。凡是法令变更了，利害情况就跟着改变；利害情况改变了，民众从事的劳作也就跟着改变；从事变化了的劳作就叫作变业。所以从道理上说，役使民众却频繁地让他们发生变动，功效就会很低；收藏贵重器物却频繁搬动，就会有很多损毁；烹饪小鱼却频繁地翻动，就会伤害它的色泽；治理大国却频繁改变法令，百姓就会受累受苦。因此懂得治国理政之道的君王把安定看得很珍贵，不反复改变法令。所以说：

---

① 《韩非子》，陈秉才译注，中华书局2015年版，第102页。

"治理大国就像烹煮小鱼一样。"

善摄叶者拊其本　善张网者引其纲

【原文】

摇木者一一摄其叶,则劳而不遍;左右拊其本,而叶遍摇矣。临渊而摇木,鸟惊而高,鱼恐而下。善张网者引其纲,不一一摄万目而后得;若一一摄万目而后得,则是劳而难;引其纲,而鱼已囊矣。故吏者,民之本,纲者也,故圣人治吏不治民。

(《韩非子·外储说右下》)①

【释义】

摇树的人如果逐一地掀动树叶,即使很劳累也不能把叶子全部翻遍;如果从左右两边拍打树干,那么所有的树叶就都会晃动起来。在深潭边上摇树,鸟惊而高飞,鱼恐而深游。善于张网捕鱼的人牵引渔网的纲绳,而不是逐一拨弄网眼然后捉鱼,如果逐一地拨弄网眼然后捉鱼,那就不但劳苦,而且难以捕到鱼了;牵引网上的纲绳,鱼就自然被网住了。所以官吏

---

① 《韩非子》,陈秉才译注,中华书局2015年版,第206页。

是民众的树干和纲绳，因此圣明的君王是去管理官吏而不去管理民众。

赏罚有道

【原文】

凡治天下，必因人情。人情者有好恶，故赏罚可用；赏罚可用，则禁令可立，而治道具矣。君执柄以处势，故令行禁止。柄者，杀生之制也；势者，胜众之资也。废置无度则权渎，赏罚下共则威分。

故赏贤罚暴，举善之至者也；赏暴罚贤，举恶之至者也：是谓赏同罚异。赏莫如厚，使民利之；誉莫如美，使民荣之；诛莫如重，使民畏之；毁莫如恶，使民耻之。然后一行其法，禁诛于私家，不害功罪。赏罚必知之，知之，道尽矣。

(《韩非子·八经》)[1]

【释义】

大凡治理天下，必须考虑人情世故。人之常情有好和恶两种情况，因而可以作为赏和罚的依据；赏和

---

[1] 《韩非子》，陈秉才译注，中华书局2015年版，第255页。

罚有据可用，法令就可以建立起来，而治国理政之策也就具备了。君王掌握权柄并据有势位，所以能令行禁止。权柄是决定生杀的大权，势位是统治民众资本。废除与制定如果无章可循，权势就不神圣了；如果与臣下共掌权力，君王的权威就分散了。

所以奖赏贤人、惩罚暴行，是鼓励做好事的最好办法；奖赏暴行、惩罚贤人，却是鼓励干坏事的极致做法；这就是奖赏与自己意见相同的人而惩罚与自己意见不同的人。赏赐不如优厚一些，使民众觉得有利；赞扬不如美好一些，使民众感到荣耀；惩罚不如严重一些，使民众感到害怕；贬斥不如严厉一些，使民众感到羞耻。然后坚决把法制贯彻下去，禁止下属私行诛罚，不允许他们破坏赏罚奖惩制度。赏罚一定要分明，分明，治国理政之道就完备了。

以为民先

【原文】

古者丈夫不耕，草木之实足食也；妇人不织，禽兽之皮足衣也。不事力而养足，人民少而财有余，故民不争。是以厚赏不行，重罚不用，而民自治。今人有五子不为多，子又有五子，大父未死而有二十五孙。是以人民众而货财寡,事力劳而供养薄,故民争,虽倍赏累罚而不免于乱。

尧之王天下也,茅茨不翦,采椽不斫;粝粢之食,藜藿之羹;冬日麂裘,夏日葛衣;虽监门之服养,不亏于此矣。禹之王天下也,身执耒臿,以为民先;股无胈,胫不生毛,虽臣虏之劳,不苦于此矣。

(《韩非子·五蠹》)[1]

【释义】

在古代的时候,男人不用耕地,野生的果实足以够吃;女人不用纺织,禽兽的皮毛足以够穿。不费力而供养足,人口少而财物多,所以民众不用争抢。因而不实行厚赏、不使用重罚,而民众自然安定。现在人们养育五个儿子的并不算多,每个儿子又各有五个儿子,祖父还没有死就会有二十五个孙子。因此,人口多了而财物匮乏;竭尽力气劳动却不够供养,所以民众互相争抢,即使加倍奖赏和加重惩罚,仍然免不了动乱。

尧在统治天下的时候,住的茅草房没有经过修

---

[1] 《韩非子》,陈秉才译注,中华书局2015年版,第268页。

整,连屋椽子都不曾砍削整齐;吃的是粗粮,喝的是野菜汤;冬天披着小鹿皮,夏天穿着麻布衣,即使是看门奴仆的生活待遇也不比这差。禹统治天下的时候,亲自拿着锹锄干活,自己先于民众;累得大腿消瘦、小腿无毛,即使是俘虏、奴隶们的劳役也不比他苦。

法者,王之本也

【原文】

圣人之治民,度于本,不从其欲,期于利民而已。故其与之刑,非所以恶民,爱之本也。刑胜而民静,赏繁而奸生。故治民者,刑胜,治之首也;赏繁,乱之本也。夫民之性,喜其乱而不亲其法。故明主之治国也,明赏,则民劝功;严刑,则民亲法。劝功,则公事不犯;亲法,则奸无所萌。故治民者,禁奸于未萌;而用兵者,服战于民心。禁先其本者治,兵战其心者胜。圣人之治民也,先治者强,先战者胜。夫国事务先而一民心,专举公而私不从,赏告而奸不生,明法而治不烦。能用四者强,不能用四者弱。夫国之所以强者,政也;主之所以尊者,权也。故明君有权有政,乱君亦有权有政,积而不同,其所以立异也。故明君操权而上重,一政而国治。故法者,王之本也;刑者,爱之自也。

(《韩非子·心度》)①

【释义】

圣人治理民众,是从根本上考虑问题的,并不是简单满足民众的欲望,而是希望给民众带来实际利益罢了。所以君王实行刑罚的时候,并不是憎恨民众,而是爱护民众的根本利益。刑罚有效民众就安宁,赏赐频繁邪念就滋生。所以治理民众之道,刑罚有效是社会治理昌明的要务,赏赐泛滥是社会治理混乱的根源。民众的本性,是喜欢导致动乱的赏赐而不喜欢有效治理的刑罚,所以明君治理国家时,明确奖赏,民众就努力立功;严令刑罚,民众就服从法律。民众努力立功,公共事务就不受干扰;民众服从法令,邪念就无从产生。所以治理民众,要禁止奸邪在未发之时;用兵作战,要使服从战争的要求深入民心。禁令能先治本的才有效,用兵能服民心的才能胜。圣人治理民众,先治本的能强大,先服心的能取胜。国家大

---

① 《韩非子》,陈秉才译注,中华书局 2015 年版,第 293 页。

事要首先统一民心，专行公事来减少私欲，奖赏告奸然后奸邪就不会产生，明确法令然后政务就不会生乱。能做到这四个方面的国家就强盛，不能做到这四个方面的国家就衰弱。国家之所以强大，靠的是理政；君王之所以尊贵，靠的是权力。所以，明君有权力和治理举措，昏君也有权力和治理举措，但结果不同，是因为各自所确立的治国理政的理念不同啊。所以明君掌握权势而地位尊贵，统一政令而国家得到治理。因此，法律是统治天下之本，刑罚是爱护民众的举措。

第三章
秦汉魏晋南北朝时期的民本思想

公元前221年,秦始皇统一中国,开创了中国历史上第一个统一的多民族国家。秦始皇文韬武略,气势盖世,成就了许多在今天看来仍然是定乾坤、制天下的大手笔。就疆域而言,秦帝国东至黄海之滨,东北至辽西与辽东,北至雁门、代州与云中;西北至九原、陇西与北地;东南至楚越,即今天的浙江与福建;南至今日的两广以南;西南至今天的云南与贵州,西至巴蜀。① 在政治上建立中央集权制度,废除周朝以来实行的世卿世禄分封制,改行郡县制,全国划分为36郡(后扩大至41郡),郡县主要官吏由中央任免;北筑长城,抵御匈奴,以保护边境地区人民生命

---

① 王处辉主编:《中国社会思想史》,中国人民大学出版社2015年版,第140页。

财产安全；在经济上实行统一度量衡、统一货币、统一车轨、统一文字、统一伦理道德和行为规范，等等，这些政治举措为后世沿袭，以致有"百代都行秦政法"之誉，影响中国两千多年。

秦始皇无疑是中国历史上最伟大的皇帝之一，是最伟大的政治家、战略家、军事家、思想家、改革家之一。但是他推行以法家思想统治国家，在一定程度上加重了人民的负担，侵害了人民的利益，尤其苛捐杂税繁重、焚书坑儒暴行、严刑峻法扰民等，激起社会各阶层的反抗，最后"亡秦必楚"，被楚人后代陈胜、项羽、刘邦联手而灭，秦传二世，国运仅14年。秦始皇13岁继承王位，39岁称皇帝，在位37年，死时49岁，他接王位26年，当皇帝11年，有自己治国理政的方略，治民思想应该是十分丰富而有效的，否则秦国不可能延续六世不断强大，不可能在嬴政手上能居战国七雄之首位，最后灭六国而一统天下。但是历史对秦始皇似乎有些苛刻，他面对的是一个地域面积、人口数倍于秦的庞大疆域，一个各板块经济社会都远不如秦的复杂国家，一个政治体制、社会管理、文化观念参差不齐、磨合困难的多元社会，但给他的时间仅有11年，这意味着他的许多政策举措都没有来得及形成和实施，大秦帝国被风起云涌的农民起义推翻，许多史料没有保留和传承下来，这其中必定包括他的治民思想。

年代越接近，认识越直接，这是毫无疑问的。对秦朝治政之得失，新兴的汉朝了解最直接、认识最深刻，因而反思也最有价值。汉朝上下都意识到，要长治久安，必须深刻反省和革除秦朝弊政、暴政，才能避免重蹈秦之覆辙。汉朝几乎全盘接收，或者说抢夺了秦朝的家底，可谓"汉袭秦国"。更重要的是，自汉代开始，中国历史上出现的新气象在很大程度上建立在秦朝基础上，秦始皇开创的中央集权统一国家的政治体制，在汉朝尤其是汉武帝时期被确定下来，南朝的范晔在《后汉书》中指出："汉承秦制。"但是在对待人民的态度、对人民的认识方面，汉朝比秦朝前进了一大步，汉朝一些思想家最早认识到，统治者决不能与人民为敌，"自古至于今，与民为仇者，有迟有速，而民必胜之"，指出了在国家兴亡、政权得失上民众的重要性。汉朝推行了大量民生政策，实行了许多仁政工程，这是历史的进步，是大汉王朝绵延400多年的深刻原因。

由于汉朝开创了平民刘邦登上皇位的先例，因而后人称之为"天地一大变局"。平民皇帝的出现,导致他身边一批幕僚官吏多是小农贱民等的低等出身,因而治国之策中多有悯农成分,一些减轻赋税徭役、体恤农民民众、抑商抑富的政策措施出台,因而汉代初期的民本思想中,这方面的色彩比较重。

汉代初期,主要是指汉高祖刘邦、惠帝刘盈(在位仅7年,23岁去世)、吕后(吕雉,汉高祖之妻),以及汉文帝、汉景帝时期,共计66年。这一时期的掌权者信黄老之言、行黄老之术、彰黄老之学,因此其民本思想主要采用"黄老之学",即综合了法家、道家思想,兼用儒家、墨家、阴阳家思想,其主要思想是"无为而治""与民休息"。汉初之所以采用"黄老之学",是因为汉朝初立,战乱过后百废待兴,在政治制度和管理体制上主要沿用秦朝制度,在经济上鼓励百姓休养生息,统治者不过多干预,以免出现秦朝的暴政。虽然汉高祖刘邦也学儒尊儒,成为第一个祭拜孔子的皇帝,但总的治民思想还是欣赏黄老之学的"无为而治"。汉高祖之后,汉惠帝软弱无力,吕后临朝称制,实施了减轻赋税等仁政,政治上"子承父制""萧规曹随",与民生息,国泰民安,修改汉法,"除三族罪,妖言令",废除秦始皇坑儒时民间一律禁止私自藏书的"挟书律",等等。这一时期的发展,为后来的"文景之治"奠定了基础。

汉代初期的思想家中,陆贾、贾谊是最具有代表性的两位思想家,一个影响了刘邦,一个影响了汉文帝,他们对"黄老之学"的施政运用和蓬勃发展起到重要作用,同时他们二人又发掘和推崇先秦孔子等儒家学说的仁爱思想,因而使治国理政思想吸取了秦王朝的教训,更具有进步性。

需要特别指出的是,正是从汉初开始,孔子学说等儒家思想在受到推崇的同时,其德性成分受到削弱;正是因为儒家思想成为官方治国理政的工具,因而附着了威权成分,在某种程度、某个时期发展到极致,许多问题也由此派生出来。多次推崇、运用孔子学说的陆贾、贾谊等儒家,在威权化孔子学说方面,也扮演了重要的角色。他们的民本思想中,既包含有尊民、重民等思想,也有强烈的驭民、使民观念。

第一节 陆贾的民本思想

陆贾(约公元前240—前170年),汉初楚国人,西汉思想家、政治家、外交家。早年追随刘邦，因能言善辩经常出使诸侯。两次出使南越，对稳定汉初局势作出贡献。陆贾经常在刘邦跟前称赞《诗》《书》，被刘邦责骂说："乃公居马上而得之（天下），安事《诗》《书》!"陆贾对曰："居马上得之，宁可以马上治之乎?"陆贾历数商汤、周武王、吴王夫差、晋王智伯，以及秦始皇等正反两方面经验教训，提出"行仁义，法先圣"的主张，刘邦于是请陆贾撰写关于秦为什么灭、汉为什么兴，以及古代成败之国原因的分析文章。陆贾总共写了12篇，每奏一篇，刘邦都连连称好，左右均高呼万岁。这些文章编辑成《新语》。

陆贾是汉代第一位力倡儒学的思想家。他根据汉初的社会现状和政治需要，以儒家为本、融汇黄老道家及法家思想，提出"行仁义、法先圣，礼法结合、无为而治"，开创了先秦儒学向汉代儒学转变的新局面，为西汉前期的统治思想奠定了一个基本模式。

陆贾的民本思想主要体现在《新语》中。他综合了先秦儒家的"有为"和黄老道家的"无为"，主张治民当文武并用、德刑相济。陆贾谏劝刘邦"马上得天下，安能马上治天下"的警言成为千古治政经典。

民不罚而畏,不赏而劝

【原文】

君子尚宽舒以褒其身,行身中和以致疏远。民畏其威而从其化,怀其德而归其境,美其治而不敢违其政。民不罚而畏,不赏而劝,渐渍于道德而被中和之所致也。

(《新语治要》)①

【释义】

君子崇尚宽松舒适,以达到心胸宽大的境界;居身平和适中,以达到遥远旷达的境界。百姓因敬畏他的威严而服从他的教化,因感念他的德行而归顺于他,因称赞他的管理而不敢违背他的政令。百姓无须刑罚就有敬畏之心,无须奖赏就得到勉励,这是百姓不断地受到道德的浸润而接受了中和熏陶的原因。

---

① 李梅主编:《群书治要》第四卷,光明日报出版社2013年版,第1244页。

取之于身

【原文】

夫欲富国强威,辟地服远者,必得之于民;欲建功兴誉,垂名列流荣华者,必取之于身。故据千乘之众,持百姓之命,苞山泽之饶,主士众之力,而功不存乎身、名不显于世者,统理之非也。

天地之性,万物之类,怀德者众归之,恃刑者民畏之。归之则充其侧,畏之则去其城。故设刑者不厌轻,为德者不厌重,行罚不患薄,布赏不患厚,所以亲近而致远也。

(《新语治要》)①

【释义】

凡希望国家富裕、君权强大、开疆扩土、征服边民的君王,都必须得到百姓的拥护;凡渴望建立功业、赢得好声誉,名传后世、荣华富贵的君王,都必须以身作则。所以说,那些拥有千百驾之多、掌握着百姓命运、拥有美丽富饶山川、掌管操控百姓的权

---

① 李梅主编:《群书治要》第四卷,光明日报出版社2013年版,第1244页。

力,却身上无功、世上无名的人,是统治管理不得法的原因。

天地万物的运行规律(昭示),胸怀道德治国者百姓就归顺他们,自恃严法统治者百姓就害怕他们。归顺他就围绕在他的身旁,害怕他就逃离他的管辖范围。所以设立刑罚不担心过轻,胸怀道德不担心过重,行使刑罚不担心过轻,行使奖赏不担心过重,这样的话身边的人更加亲近,远离你的人也会归附。

君子之为治

【原文】

夫刑重者则心烦,事众者则身劳。心烦者,则刑罚纵横而无所立;身劳者,则百端回邪而无所就。是以君子之为治也,混然无事,寂然无声;官府若无人,亭落若无吏;闾里不讼于巷,老幼不愁于庭;近者无所议,远者无所听;邮无夜行之卒,乡无夜召之征;犬不夜吠,鸡不夜鸣;耆老甘味于堂,丁男耕耘于野;在朝忠于君,在家孝于亲。于是赏善罚恶而润色之,兴辟雍庠序而教诲之,然后贤愚异议,廉鄙异科,长幼异节,上下有差,强弱相扶,大小相怀,尊卑相承,雁行相随,不言而信,不怒而威,岂待坚甲利兵，深牢刻令，朝夕切切而后行哉？

(《新语治要》)①

【释义】

刑法太重了使人心里厌烦，事情太多了使人劳累。使人心烦的，即使刑罚再纷繁复杂也不会有什么作用；使人身体劳累的，即使用再多邪僻的办法也没有什么成就。所以君子治国理政，浑然不知，悄然无声；官府里好像没有人，亭院里好像没有官吏；晚间没有递送文书的邮差，乡间没有征用劳役兵役的事情；夜里的狗不叫，晚上的鸡不鸣；年老的人在家里享受甜美的食物，男劳力在乡间劳作；在朝廷忠于君王，在家里孝顺亲人；然后用奖励善良、惩罚邪恶的办法来表明鲜明的态度，大力兴办传授知识的地方以教育人；这样之后，可以与贤良的人和愚昧的人谈论不同的观点，把正直的人与粗鄙的人分开，对长年的人与年幼的人有不同的礼节，上下有差别，强者弱者互相帮扶，长者幼者互相关心，尊者卑者互相接受，像雁行一样紧相伴随，不用表白就有信义，

---

① 李梅主编：《群书治要》第四卷，光明日报出版社2013年版，第1245页。

不发脾气就树立起威信。难道一定要等到坚甲利兵,等到严刑和严令,官吏们才从早到晚都匆匆忙忙地去执行吗?

道德为上　仁义为本

【原文】

治以道德为上,行以仁义为本。故尊于位而无德者绌,富于财而无义者刑;贱而好道者尊,贫而有义者荣。夫酒池可以运舟,糟丘可以远望,岂贫于财哉?统四海之权,主九州之众,岂弱于武力哉?然功不能自存,而威不能自守,非贫弱也,乃道德不存乎身,仁义不加于下也。

国不兴不事之功,家不藏不用之器,所以稀力役而省贡献也。璧玉珠玑,不御于上,则玩好之物弃于下;彫琢刻画之类不纳于君,则淫伎曲巧绝于下。夫释农桑之事,入山海,采珠玑,捕豹翠,消筋力,散布帛,以极耳目之好,快淫侈之心,岂不谬哉!

(《新语治要》)[1]

---

[1] 李梅主编:《群书治要》第四卷,光明日报出版社2013年版,第1247页。

【释义】

治理国家要以德治国为上策，行使权利要以仁爱道义为根本。所以，对位尊但没有德行的人要罢黜，对富有但没有道义的人要处罚；对地位低下但守道义的人要给他以尊重，对贫困但讲道义的人要给他以敬重。商纣王的酒池里面可以泛舟，酒糟堆起来可以登高望远，这难道是缺乏钱财吗？拥有统治天下的权力，主宰着九州的百姓，这难道是武力不强吗？然而功业不能继续，威势不能保护自己，不是贫、不是弱的原因，是因为自身没有道德，对下没有仁爱之心啊。

国家不能动用民力去干那些毫无意义的事情，家里不收藏那些毫无用处的器物。所以要减少动用百姓的劳役，节省他们的赋税。君王不喜好玉石珠宝，百姓就会远离玩好之物；君王不喜好雕琢刻画，百姓就会抛弃淫伎曲巧之类的东西。如果放弃农事，却上山入海地采集山珍珠宝翡翠，消耗百姓的精力，浪费国家的财力，以图耳目之愉悦，骄奢之心的畅快，难道不是荒谬吗？

【导读】

陆贾的民本思想主要表现在以下方面：

一是仁治天下。陆贾继承了孔子关于仁义的思想，认为"治以道德为上，行以仁义为本"，秦之所以亡就是因为不施仁义、专任刑罚，汉要保持长治久安必须反秦道而行之，"行仁义而轻刑罚；闭利门而尚德义"。一些朝代、君王之所以存之不长，原因就在"道德不存乎身，仁义不加于下也"。怀德者众望所归，不仁于天下者，必亡。

二是既"无为"又"有为"。陆贾认为，"夫道莫大于无为"，他从秦朝覆灭，尤其是滥用严刑峻法的"有为"中提炼出"无为"思想，主张废秦法，但同时不排除"有为"，认为圣人、君子、下民都应该积极有为，而且这种"有为"是在尊道的前提下进行的，不是"妄为""乱为"。要以"有为"求"无为"，"有为"是为了"无为"，"无为"是为了"有为"。要减免赋税徭役，让利于民，使民休养生息，不折腾百姓、不干扰民生，做到"国不兴无事之功，家不藏无用之器，稀力役而省贡献"。陆贾认为君王要有所作为，"人主天下之仪表也，主倡而臣和，主先而臣随"，先起到表率作用，然后起到教化天下民众的作用。

三是治世须有等级秩序。陆贾引用先王的治国经验说，"先圣乃仰观天文，俯察地理，图画乾坤，以定人道，民始开悟，知有父子之亲，君臣之义，夫妇之别，长幼之序。于是百官立，王道乃生。""长幼异节，上下有差"，既了解天意，又掌握民情，然后确定"人道"，并以"人道"教育民众，使民众有等级意识、差别意识、规矩意识。

当然，陆贾的民本思想是对秦朝统治思想的批判，具有现实针对性，也具有历史价值。

第二节　贾谊的民本思想

贾谊（公元前200—前168年），洛阳人，西汉初年著名政论家、文学家、思想家，世称贾生。贾谊少年大成，18岁时文名满郡。汉文帝登基后，贾谊经河南郡守吴公推荐，被汉文帝召为博士，因才华出众，一年后即提升为太中大夫，提出过"改正朔、易服色制度、定官名、兴礼乐"等建议，成为汉文帝的幕僚。代表作有《过秦论》《论积贮疏》《陈政事疏》等。其辞赋皆为骚体，是汉赋发展的先声，以《吊屈原赋》《鵩鸟赋》最著名。贾谊的民本思想蕴藏于这些著作中。

仁心不施，而攻守之势异也

【原文】

且夫天下非小弱也，雍州之地，崤函之固，自若也。陈涉之位，非尊于齐、楚、燕、赵、韩、魏、宋、卫、中山之君也；锄耰棘矜，不敌于钩戟长铩也；谪戍之众，非抗九国之师也；深谋远虑，行军用兵之道，非及曩时之士也。然而成败异变，功业相反也。试使山东之国与陈涉度长絜大，比权量力，则不可同年而语矣。然秦以区区之地致万乘之势，序八州而朝同列，百有余年矣；然后以六合为家，崤函为宫。一夫作难而七庙隳，身死人手，为天下笑者，何也？仁心不施，而攻守之势异也。

(贾谊《过秦·上·事势》)①

【释义】

一统天下的秦王朝并没有被削弱，雍州的险峻地

---

① 《新书》，方向东译注，中华书局 2012 年版，第 7 页。

势,崤山、函谷关的固若金汤,安然自如。陈涉的社会地位,并不比齐、楚、燕、赵、韩、魏、宋、卫、中山的君王更尊贵;他们的锄头木棍,并不比钩戟长矛更锋利;那迁谪戍边的士卒们的战斗力,不是能抵抗九国之师的;深谋远虑,行军用兵的策略,比不上九国的武将谋臣。然而成败结果反转了,功业反转了。假如拿崤山之东的诸国跟陈涉比一比长短大小,量一量权势力量,简直不可同日而语、相提并论。但是秦国凭借着它的区区之地,发展到兵车万乘的国势,安排八州的君王诸侯来朝拜自己,已有一百多年的历史了;然后将天下作为一家私产,用崤山、函谷关作为宫墙。一个戍卒发难就毁掉了天子七庙,皇子皇孙都死在人家手里,被天下人耻笑,是什么原因呢?就因为不施行仁心,而使攻守的形势发生了根本性的变化啊。

夫蓄积者,天下之大命也

【原文】

夫蓄积者,天下之大命也。苟粟多而财有余,何向而不济?以攻则取,以守则固,以战则胜,怀柔附远,何招而不至?管子曰:"仓廪实,知礼节;衣食足,知荣辱。"民非足也,而可治之者,自古及今,未之尝闻。古人曰:"一夫不耕,或为之饥;一妇不织,或为之寒。"生之有时而用之无节,则物力必屈。古之为天下者至悉也,故其蓄积足恃。今背本而以末,食者甚众,是天下大残;从生之害者甚盛,是天下之大贼也。汰流、淫佚、侈磨之俗日以长,是天下之大祟也。残贼公行,莫之或止;大命贬败,莫之振救。何计者也,事情安所取?生之者甚少而靡之者甚众,天下之势何以不危?汉之为汉几四十岁矣,公私之积犹可哀痛也。故失时不雨,民且狼顾矣;岁恶不入,请卖爵鬻子。既或闻耳矣,安有为天下阽危若此而上不惊者!

(贾谊《无蓄·事势》)①

【释义】

  粮食物资积蓄,是国家的根本命脉。如果粮食多并且钱财有积余,有什么事做不成的呢?用来进攻就能夺取,用来防守就能牢固,用来打仗就能胜利,安抚远方能让民众归服,招谁谁会不来呢?管子说:

---

① 《新书》,方向东译注,中华书局2012年版,第137页。

"仓库充实了,百姓就会懂礼仪;衣食富足了,百姓便知道荣辱。"人民不富足而能得到治理的,从古到今,没有听说过。古人说:"一个农夫不耕种,就有人挨饿;一个女子不织布,就有人受冻。"生产有季节可是用起来没有节制,那么物资必然缺乏。古代治理天下的人考虑得非常周到,所以国家的积蓄足以依靠。如今背弃农业生产这个根本而从事工商业,吃饭的人过多,这是国家的大害。从事有害民生的人过多,这是国家的大贼。奢侈放纵、骄奢淫逸的风气一天天增长,这是天下的大祸害。祸害公开泛滥,而没有人去制止,命脉即将崩溃,而没有人去拯救。生产的人少而消费的人很多,天下的形势怎么能不危险呢?汉朝的建立将近四十年了,国家和个人的积蓄还是少得让人痛心。因此要是错过生产季节不下雨,人们就会惊慌失措。年成不好交不了赋税,就有人要卖掉爵位或儿女。已经听说这些情况了,哪有天下治理到如此危险的地步而皇帝还不吃惊的呢?

民为政之本

【原文】

闻之于政也,民无不为本也。国以为本,君以为本,吏以为本。故国以民为安危,君以民为威侮,吏以民为贵贱。此之谓民无不为本也。闻之于政也,民无不为命也。国以为命,君以为命,吏以为命。故国以民为存亡,君以民为盲明,吏以民为贤不肖。此之谓民无不为命也。闻之于政也,民无不为功也。故国以为功,君以为功,吏以为功。国以民为兴坏,君以民为强弱,吏以民为能不能。此之谓民无不为功也。闻之于政也,民无不为力也。故国以为力,君以为力,吏以为力。故夫战之胜也,民欲胜也;攻之得也,民欲得也;守之存也,民欲存也。故率民而守,而民不欲存,则莫能以存矣;故率民而攻,民不欲得,则莫能以得矣;故率民而战,民不欲胜,则莫能以胜矣。故其民之为其上也,接敌而喜,进而不能止,敌人必骇,战由此胜也。夫民之于其上也,接而惧,必走去,战由此败也。故夫灾与福也,非粹在天也,必在士民也。呜呼,戒之戒之!夫士民之志,不可不要也。呜呼,戒之戒之!

(贾谊《大政》)①

---

① 《新书》,方向东译注,中华书局2012年版,第275页。

【释义】

听说治国理政者，没有不把人民当作根本的。国家以民为根本，君王以人民为根本，官吏以人民为根本。所以国家把人民的意志作为决定安危的依靠力量，君王把人民的意志作为决定得威或受侮的依靠力量，官员把人民的意志作为自己贵贱的依靠力量。这就是人民无处不是根本的原因。听说治国理政者，没有不把人民当作命根子的，国以人民为命根子，君王以人民为命根子，官员以人民为命根子。所以国家以人民意志决定存亡，君王以人民意志评判是昏聩还是圣明，官员以人民意志评价是贤德还是无能。这就是人民没有不是命根子的原因。听说治国理政者，没有不把人民作为功绩的。所以国家以人民为功绩，君王以人民为功绩，官员以人民为功绩。国家以人民的意志决定兴衰，君王以人民的意志决定强弱，官员以人民的意志决定能与不能。这就是没有不以人民为功绩的。听说治国理政者，没有不把人民当作力量的。所以国家以人民为力量，君王以人民为力量，官员以人民为力量。所以战争胜利，是人民想得胜；进攻得胜，是人民想得胜；防守能生存，是人民想守住。所以率领人民防守，如果人民不想守住，就不可能守住；所以率领人民进攻，人民如果不想得胜，就不可能得胜；所以率领人民作战，人民不想取胜，就不可能取胜。因而人民为了他们的君王而战，接触到敌人而有信心，进攻而不能停止，敌人必定害怕，战争由此而胜利。如果人民为了他们的君王而战，接触到敌人就害怕，必定会逃跑，战争由此而失败。因而灾难与福分，不完全在天，而一定在民。啊，警惕警惕！民众的意志，不能不要啊。啊，警惕警惕！

【导读】

　　与陆贾相比，贾谊的民本思想更加鲜明。他比陆贾年轻40岁，这个时候的汉朝经过初期汉儒的治理，效果逐渐明显，儒家思想指导治国理政的思路更加明确，因而贾谊的思想观点比陆贾更有冲击力、更有说服力，他的一些观点甚至是直接警告和训诫当朝君王百官的。

　　与陆贾一样，贾谊也推崇儒家思想，尤其是仁政思想，主张爱民、惠民。他在《修政语》篇中引用帝喾"德莫高于博爱人，而政莫高于博利人"，表达德政、仁政观念。他认为治国之道在于"上忠于主，而中敬其士，而下爱其民"。在《数宁》篇中，贾谊指出"始取天下为功,始治天下为德",倡导用仁、义、礼、智、信治理国家和社会,但他冲破了汉初道家、黄老之学的束缚,主张变"无为"为"有为"。他既不同于孔子的"从周""好古",也不同于商鞅的反对"法古",贾谊的民本思想部分地得到了汉文帝的重视,为西汉王朝统治和"文景之治"提供了思想依据,为汉代中期董仲舒的新儒学思想提供了铺垫。之所以说"部分",是因为深受黄老之学"无为"思想影响的汉文帝并没有完全采纳贾谊的主张,汉文帝对他是重才而不重用,使得他的民本思想没有得到全部的展开和实践。

贾谊的民本思想多注重从反面警醒中展开。经典名篇《过秦论》充分反映了这一特点,文章分析了秦王朝的过失和其速亡的教训:"秦王怀贪鄙之心,行自奋之智,不信功臣,不亲士民,废王道而立私爱,焚文书而酷刑法,先诈力而后仁义,以暴虐为天下始。"可谓深刻之极,一针见血。贾谊进而分析道,如果秦二世能吸取秦始皇的教训,虽然才能平庸但能任用忠贤之士、臣主一心,"正先帝之过",做到"裂地分民""以礼天下""免刑戮""去收孥污秽之罪""发仓廪、散财币,以振孤独穷困之士""轻赋少事，以佐百姓之急""约法省刑，以持其后，使天下之人皆得自新""塞万民之望，而以盛德与"，如此这般，则天下就太平了，四海之内皆欢然，各自安乐其处。乱中求治，塞中求通，但是秦二世并没有看到历史给他的一次纠过的机会，他更没有看到"天下莫不引领而观其亡"的严峻，而是在变本加厉地重复上世的悲剧："重以无道，坏宗庙与民，更始作阿房之宫；繁刑严诛，吏治刻深；赏罚不当，赋敛无度。天下多事，吏不能纪；百姓困穷，而主不收恤。然后奸伪并起，而上下相遁；蒙罪者众，刑戮相望于道，而天下苦之。"秦亡之道理，昭然在目，"前事之不忘，后之师也"，贾谊应该是中国历史上第一位作如此深刻分析的思想家。

贾谊也是中国古代对人民力量认识最深刻的思想家之一。他在《过秦》中赞美了中国历史上第一次大规模农民起义的进步意义和革命性质，突出了草根的力量，使后世看到了一介草民对一个强大王朝的巨大颠覆作用和对历史的巨大推动作用。"陈涉，瓮牖绳枢之子，氓隶之人，而迁徙之徒也。才能不及中人，非有仲尼、墨翟之贤，陶朱、猗顿之富。蹑足行伍之间，而崛起阡陌之中，率疲弊之卒，将数百之众，转而攻秦;斩木为兵,揭竿为旗,天下云集响应,赢粮而景从。山东豪杰并起而亡秦族矣。"在《大政》等文章中,贾谊强调了普通民众的重要性,从国与民、君与民、吏与民三重关系上,提出要以仁治国、以仁安民,"牧民之道,务在安之""国以民为安危,君以民为威侮,吏以民为贵贱",得出"王者有易政而无易国,有易吏而无易民"的论述极其深刻而经典。擅长赋体的他竭尽文笔之力量,反复强调"民无不为本也""民不为命也""民不为力也""民不为功也",一叙三述,一咏三叹,具有强烈的民本思想感情色彩。

当然,贾谊的民本思想具有时代的局限性,他站在地主阶级立场上,视民力为对立力量、异己力量,其目的是为了维护封建专制统治和贵族阶级利益。

第三节　董仲舒的民本思想

董仲舒(公元前179—前104年),西汉时期的思想家、政治家、教育家。汉朝时广川郡(今河北省衡水市枣强县)人。汉文帝时期出生。汉景帝时期为博士。汉武帝时期参加对"天人三策",深受汉武帝赏识，被任命为江都相，后任胶西相。刘向称董仲舒有"王佐之才"，与辅佐商汤的伊尹、辅佐周武王的吕望才能相当，连管仲、晏婴都比不上董仲舒。东汉时期的思想家王充说："文王之文在孔子，孔子之文在仲舒"，是真正的周文王、孔子的传承人。董仲舒经历了西汉王朝的极盛时期，年老辞职回家后穷居陋巷，"以修学著书为事"，专注著述和教学。由于才多识广，见解深刻，朝廷还常常派人去咨询他一些重大问题。

董仲舒提出的"天人感应，君权神授"思想几乎影响了整个封建社会，他的"独尊儒术"的思想被汉武帝采纳，影响深远。其民本思想体现在《春秋繁露》和《汉书》的《天人三策》中，主张用仁义礼智信统治人民，防止秦朝官吏贪暴、刑戮妄加的现象重现，重视对民众的道德教化，致力对"汉承秦制"进行更化（即改革），同时倡导设立太学培养官员以爱民。

不敢有君民之心

【原文】

五帝三王之治天下，不敢有君民之心，什一而税，教以爱，使以忠，敬长老，亲亲而尊尊。不夺民时，使民不过岁三日，民家给人足，无怨望忿怒之患、强弱之难，无谗贼妒疾之人，民修德而美好，被发衔哺而游，不慕富贵，耻恶不犯。

(董仲舒《春秋繁露·王道第六》)

【释义】

五帝三王治理天下时，不敢有统治百姓的思想，那时只抽十分之一的税。用博爱的思想进行教化，用忠诚的思想使用人，尊敬年长的人，亲近亲人，尊敬尊贵的人。不占农时，使役百姓每年不超过三天，百姓家家富足，没有愤恨责怨的隐患、以强凌弱的灾难，没有专门讲别人坏话和嫉妒人的人，百姓都修养好德行，披散着头发、口里衔着食物与人交往，不羡慕富贵，也不犯羞耻、罪恶之事。

君不失其群

【原文】

王者，民之所往，君者，不失其群者也；故能使万民往之，而得天下之群者，无敌于天下。

(董仲舒《春秋繁露·灭国上第七》)

【释义】

王是天下百姓所归依的方向,君是不失去自己民众的人;所以能使天下民众归附,而且得到天下民众的心,就能天下无敌。

国之本

【原文】

君人者,国之本也,夫为国,其化莫大于崇本。崇本则君化若神,不崇本则君无以兼人。无以兼人,虽峻刑重诛,而民不从,是所谓驱国而弃之者也,患孰甚焉!何谓本?曰:天地人,万物之本也。天生之,地养之,人成之。天生之以孝悌,地养之以衣食,人成之以礼乐,三者相为手足,合以成体,不可一无也。无孝悌,则亡其所以生,无衣食,则亡其所以养;无礼乐,则亡其所以成也。三者皆亡,则民如麋鹿,各从其欲,家自为俗,父不能使子,君不能使臣,虽有城郭,名曰虚邑。

(董仲舒《春秋繁露·立元神第十九》)

【释义】

统治国家的人,是国家的根本。管理国家,其做法没有比崇尚根本更重要的。崇尚根本，君王的做法就变得如同有神力，不崇尚根本君王就不能团结人。不能团结人，即使用严刑重罚，百姓也不会服从，这就相当于把自己国家抛向外人，还有比这个更严重的灾祸吗？什么是根本？我认为，天、地、人，是万物的根本。上天生成万物，大地养成万物，人类成就万物。上天用孝悌生成万物，大地用衣食养成万物，人类用礼乐成就万物，天地人三者互为手足，合为一体，不可缺少一样。不行孝悌就失去了生成的根本，没有衣食就失去了养成的条件，没有礼乐就失去了成就万物的基础。三者全失去，人类就如同麋鹿野兽一样，各人都按自己的欲望从事，每一家都自立习俗。父亲不能使用儿子，君王也不能使用臣下，即使有城墙，也只能叫作空城。

制民使之有欲

【原文】

民无所好，君无以权也；民无所恶，君无以畏也；无以权，无以畏，则君无以禁制也；无以禁制，则比肩齐势，而无以为贵矣。故圣人之治国也，因天地之性情、孔窍之所利，以立尊卑之制，以等贵贱之差。

务致民令有所好,有所好,然后可得而劝也,故设赏以劝之;有所好,必有所恶,有所恶,然后可得而畏也,故设罚以畏之。

故圣人之制民,使之有欲,不得过节;使之敦朴,不得无欲。无欲有欲,各得以足,而君道得矣。

(董仲舒《春秋繁露·保位权第二十》)

【释义】

百姓没有什么追求,君王就无法加以劝勉;百姓没有厌恶的事,君王就无法使他们畏惧;无法加以劝勉,无法使之畏惧,君王就无法施以禁止与管理。无法施以禁止与管理,君王和百姓就平起平坐,没有了尊贵。所以圣人治理国家,按照天地自然的本性,和百姓孔窍般的利欲之心,建立地位高低不同的制度,以便区别身份贵贱不同。

务必让百姓有爱好。有爱好才可能受到劝勉,所以设置奖赏来劝勉百姓。有所爱好也一定有所厌恶,有所厌恶才能有所畏惧,所以要设置惩罚来使百姓畏惧。

所以圣人控制百姓,让他们有所欲望,但不能超过一定限度；让他们敦厚纯朴，但不能没有所好。有或者没有欲望追求，各自都得到满足，为君之道就得到了。

君心民体

【原文】

传曰：天生之，地载之，圣人教之。君者，民之心也；民者，君之体也。心之所好，体必安之；君之所好，民必从之。故君民者，贵孝弟而好礼义，重仁廉而轻财利。躬亲职此于上，而万民听，生善于下矣。故曰："先王见教之可以化民也。"此之谓也。

（董仲舒《春秋繁露·为人者天第四十一》）

【释义】

上天养育他们，大地承载他们，圣人教导他们。君王是百姓的心脏；百姓是君王的肢体。心所喜好的，肢体务必使之安稳；君王所喜好的，百姓一定服从它。所以统治百姓的君王，要以孝悌为贵并爱好礼义，重视仁爱正直而轻视钱财利益。在上面亲自执掌孝悌之义，而百姓会听从，在下面就会生出善来。所以说："先王发现并教导他们可以改变百姓的风俗。"

说的就是这个道理。

【导读】

董仲舒的思想将周代以来的宗教天道观和阴阳、五行学说结合起来,还吸收儒家、法家、道家、阴阳家思想,形成了自己的体系。在对汉武帝的三次策问中,董仲舒比较系统了提出了自己的政治主张,第一次是关于巩固统治的根本道理,第二次是关于治理国家的政术,第三次是关于天人感应的问题。他系统地提出了"天人感应""大一统"学说、"诸不在六艺之科、孔子之术者,皆绝其道,勿使并进""罢黜百家,独尊儒术"的主张,为汉武帝的治久提供了思想基础。

董仲舒认为,"王者,民之所往;君者,不失其群也。故能使万民往之,而得天下之群者,无敌于天下"。① 在董仲舒看来,"王"也好、"君"也罢,都是以"民"为基础的,得民者得天下,失群者失天下;民之不存,"王"将焉附?"君"之安在?那么如果"得民"呢?董仲舒认为应该"唱而民和之,动而民

---

① 《春秋繁露》,张世亮、钟肇鹏、周桂钿译注,中华书局2014年版,第138页。

随之,是知引其天性所好,而压其情之所憎也",简而言之,就是遂民心、如民愿,以百姓之心为心。

董仲舒从秦末农民大起义中,认识到农民阶级的巨大力量,可以决定一个封建王朝的兴亡。他反对暴政虐民,认为重刑罚、轻礼义是秦朝灭亡的原因之一。汉初虽然称奉行黄老的"无为而治",但实际上还是因袭了秦朝的严刑峻法。汉武帝起初也是如此。董仲舒意识到要改变"暴虐百姓,与奸为市,贫穷孤弱,冤苦失职"的现状,必须"更化",抛弃秦王朝的那一套,向先王靠近,采用先王之"道",也就是"奉天而法古"①。"先王显德以示民,民乐而歌之以为诗,说而化之以为俗",以汤、文、武之德教化民众,使之成为风俗,就是仁政。君王"贵孝悌而好礼义,重仁廉而轻财利",就可以达到"万民听""可化民"的效果。

董仲舒的"天人感应"成为他思想的核心。他提出"屈民而伸君,屈君而伸天"的君民思想,即天下百姓都要服从皇帝,皇权至尊,天下归顺,才能实现政治上的大一统,这是保持社会稳定的前提,也是反

---

① 吕鸿儒、朱海风等编:《中国古代治国思想百家》,中州古籍出版社1994年版,第230页。

对分裂、防止分裂的需要；同时，皇帝要服从上天，用天的权威来限制皇帝的权威；如果皇权容易走向极端造成极权专制，也同样是造成天下不稳定的因素，因此皇权必须受到上天的制约。那么上天如何制约皇帝呢？通过各种自然现象，如灾害、异象来提醒、警告甚至惩罚皇帝，通过各种祥瑞现象来褒扬皇帝的作为，"灾者，天之谴也；异者，天之威也。谴之而不知，乃畏之以威。"①如"王正，则元气和顺，风雨时，景星见，黄龙下；王不正，则上变天，贼气并见"，如果社会上频现"强奄弱，众暴寡，富使贫，并兼无已，臣下上僭，不能禁止"的现象，自然界就会出现"日为之食，星陨如雨，雨螽，沙鹿崩；夏大雨水，冬大雨雪；陨石于宋五，六鹢退飞；陨霜不杀草，李梅冬实；正月不雨，至于秋七月；地震，梁山崩，壅河三日不流；昼晦，彗星见于东方，孛于大辰，鹳鹆来巢"等异象，此所谓"人正天顺""人不正天不顺"②。

董仲舒主张对民众进行教化，"今万民之性，待

---

① 《春秋繁露》，张世亮、钟肇鹏、周桂钿译注，中华书局2014年版，第176页。
② 《春秋繁露》，张世亮、钟肇鹏、周桂钿译注，中华书局2014年版，第102页。

外教然后能善","夫万民之从利也,如水之走下,不以教化堤防之,不能止也",这番话承认了"从利"的人性弱点,因而要"以教化为大务",做到"渐民以仁,摩民以谊,节民以礼",天与人之间存在某种感应,皇帝也要顺从天意。秦始皇为所欲为、无法无天,所以秦朝难逃覆灭的下场。而天意是按照儒家的思想来设计构造的,也就是说,儒家思想可以统驭一切。董仲舒在《天人三策》中认为,"为人君者,正心以正朝廷,正朝廷以正百官,正百官以正万民,正万民以正四方。四方正,远近莫敢不壹于正",这说明了君王当"正心"的重要性。董仲舒的这些思想为"罢黜百家、独尊儒术"打开了障碍、铺垫了道路。

第四节　司马迁和《史记》里的民本思想

西汉历史学家、思想家、文学家司马迁(生于公元前135年,卒年无考,应为汉武帝末年,今陕西韩城人),汉武帝时期任太史令。在通读古书、广泛考察、搜集资料的基础上,于公元前104年开始埋头撰写《史记》。公元前98年,因替李陵败降之事辩解而受宫刑。后任中书令,忍辱发愤著书,前后历时13年而成。

《史记》记载了"上计轩辕,下至于兹"①,即至汉武帝时期约3000年间,尤其是从春秋末期以来500多年间的历史人物,据不完全统计,涉及约4000多人,其中重点人物120多位,分为十表、本纪十二、书八章、世家三十、列传七十,总共130篇,52.65万字。

《史记》以政治变革、宫廷斗争、战争动荡、社会世相、权谋机变为题材背景,尤其精选出涵盖中国历史社会各方面各层次的代表人物,其中既有帝王将相封建官僚、后妃外戚、谋士、说客、门客、刺客、思想家、政治家、文学家、军事家,也有普通的行商坐贾、游侠俳优、医生工匠、兵士农民等小人物,他们大多没有姓名,没有详细的生平事迹,地位卑微。司马迁站在民众的角度,刻画了一批历史上的草根英雄。司马迁具有强烈的反暴政思想,以笔为剑,把批判的锋芒指向轻视民众、不顾民生、违背民意、践踏民心的夏桀王、殷纣王、周厉王、周幽王、秦始皇等

---

① (汉)司马迁:《史记》,中华书局2013年版,第2页。

暴君。同时，司马迁对社会底层革命的、反暴政的英雄和英雄主义进行了讴歌。例如，《史记》以饱含热情的文字宣传农民起义领袖陈胜、吴广以及项羽的事迹，这在史学和文学史是第一次；通过肯定"田氏代齐"这一历史趋势，赞美"赋税于民，以小斗受之；其禀予民以大斗""得齐民心""民思田氏"的民本观；对屈原、韩信、李广等人物寄予了深切的同情，对曹沫、专诸、豫让、聂政、荆轲等刺客的抗暴精神给予了由衷的赞美，蕴含了丰富的以民为本的主张。

司马迁的民本思想，是通过笔下的人物，以及自己的点评"太史公曰"来体现的。

本文之所以选择对《史记》的关注，是因为其中蕴含了丰富的民本思想，不可忽略。但同时司马迁对人物思想的记载是跨时代的，所以其中一些人物的思想难免在本文其他处也提及。

得天下在于得民

【原文】

（刘邦）召诸县父老豪桀曰："父老苦秦苛法久矣，诽谤者族，偶语者弃市。吾与诸侯约，先入关者王之，吾当王关中。与父老约，法三章耳：杀人者死,伤人及盗抵罪。余悉除去秦法。诸吏人皆案堵如故。凡吾所以来,为父老除害,非有所侵暴,无恐!且吾所以还军霸上,待诸侯至而定约束耳。"乃使人与秦吏行县乡邑,告谕之。秦人大喜,争持牛羊酒食献飨军士。沛公又让不受,曰:"仓粟多,非乏,不欲费人。"人又益喜,唯恐沛公不为秦王。

高祖置酒雒阳南宫。高祖曰:"列侯诸将无敢隐朕,皆言其情。吾所以有天下者何?项氏之所以失天下者何?"高起、王陵对曰:"陛下慢而侮人,项羽仁而爱人。然陛下使人攻城略地,所降下者因以予之,与天下同利也。项羽妒贤嫉能,有功者害之,贤者疑之,战胜而不予人功,得地而不予人利,此所以失天下也。"

太史公曰:夏之政忠。忠之敝,小人以野,故殷人承之以敬。敬之敝,小人以鬼,故周人承之以文。文之敝,小人以僿,故救僿莫若以忠。三王之道若循环,终而复始。周秦之间,可谓文敝矣。秦政不改,反酷刑法,岂不缪乎?故汉兴,承敝易变,使人不倦,得天统矣。

(《史记·高祖本纪》)[1]

---

[1] (汉)司马迁:《史记》,中华书局2013年版,第489页。

【释义】

刘邦召集各县的父老和各路豪杰们，说："父老们苦于秦朝的严刑峻法已经很久了，诽谤朝政的要灭族，相聚议论的要在街市上处斩。我和诸侯们约定，先入关的在关中称王，我应当称王关中。同父老们约定，法律只有三章：杀人的处死，伤人和抢劫的处以与所犯罪相当的刑罚。其余的秦朝法律全部废除。官吏和百姓都要安居如故。我所以到这里来，是为父老们除害，不会有欺凌暴虐的行为，不要害怕。我所以回军霸上，是等待诸侯们到来制定共同遵守的纪律。"沛公派人与秦朝官吏巡行县城乡间，告谕百姓。秦地的百姓大为高兴，争先恐后地拿出牛羊酒食款待士兵。沛公又谦让不肯接受，说："仓库的谷子很多，不缺乏，不愿破费百姓。"百姓更加高兴，唯恐沛公不做秦王。

高祖刘邦在雒阳南宫摆设酒席，说："各位诸侯和将领不要隐瞒我，都要说心里话。我之所以能够得到天下是什么原因？项氏所以失去天下是什么原因？"高起、王陵回答说："陛下傲慢而侮辱人，项羽仁慈而爱护人。然而陛下派人攻城略地，所招降攻占的地方就封给他，与天下人共同分享利益。项羽嫉贤妒能，对有功的人加以陷害，而贤能的人受到怀疑，打了胜仗而不论功行赏，取得了土地而不与分利，这就是他所以失去天下的原因。"

太史公说：夏朝的政治讲忠信。忠信的弊端是百姓粗野无礼，所以殷朝代之以恭敬。而恭敬的弊端是百姓相信鬼神，所以周朝代之以礼仪。而礼仪的弊端是百姓不诚恳。所以要纠正不诚恳的弊端，没有什么比讲忠信更好的了。夏、商、周三代君王的治国之道像在循环往复，终而复始。周、秦之间，弊端在于过分讲究礼仪。秦朝的政治没有改变这种弊端，反而使刑法更加严酷，难道这不是错误吗？所以汉朝的兴起，虽然承继了前朝政治的弊端却有所改变，百姓不至于倦怠，这是得到天道了。

君臣无为　天下晏然

【原文】

太史公曰：孝惠皇帝、高后之时，黎民得离战国之苦，君臣俱欲休息乎无为，故惠帝垂拱，高后女主称制，政不出房户，天下晏然。刑罚罕用，罪人是希。民务稼穑，衣食滋殖。

(《史记·吕太后本纪》)①

---

① （汉）司马迁：《史记》，中华书局2013年版，第515页。

【释义】

太史公说：孝惠皇帝、吕后在位的时候，百姓得以远离战国时期的苦难，君臣都想通过无为而治来休养生息，所以惠帝垂衣拱手无为，吕后以女主的身份行使皇帝的职权，虽然政令不出户，天下却也安然无事。刑罚很少使用，犯罪的人也很少。百姓从事春播秋农耕，衣食富足起来了。

卧薪尝胆

【原文】

吴既赦越，越王勾践反国，乃苦身焦思，置胆于坐，坐卧即仰胆，饮食亦尝胆也。曰："女忘会稽之耻邪？"身自耕作，夫人自织，食不加肉，衣不重采，折节下贤人，厚遇宾客，振贫吊死，与百姓同其劳。

(《史记·越王勾践世家》)

【释义】

等到吴国宽宥了越国，勾践回到越国，便吃苦耐劳，苦心思虑他的报仇雪恨计划，他把一个苦胆吊在坐席旁，坐卧能仰头尝苦胆，喝水吃饭也尝苦胆，提醒自己说："你忘记会稽之耻了吗？"他亲自躬耕劳作，他的夫人亲手织布，吃饭不加肉，穿衣不华丽，礼贤下士，热情待客，救济穷人，祭悼死者，与百姓一样劳作。

陈涉王不亲附

【原文】

陈胜王凡六月。已为王，王陈。其故人尝与佣耕者闻之，之陈，扣宫门曰："吾欲见涉。"宫门令欲缚之。自辩数，乃置，不肯为通。陈王出，遮道而呼涉。陈王闻之，乃召见，载与俱归。入宫，见殿屋帷帐，客曰："夥颐！涉之为王沉沉者！"楚人谓多为夥，故天下传之，"夥涉为王"由陈涉始。客出入愈益发舒，言陈王故情。或说陈王曰："客愚无知，颛妄言，轻威。"陈王斩之。诸陈王故人皆自引去，由是无亲陈王者。

(《史记·陈涉世家》)

【释义】

陈胜称王前后总共只有六个月的时间。当了王之后，以陈郡为国都。一位曾经同他一道被雇佣给人家耕田的老伙伴闻讯要来看他，到了陈郡，敲宫门说：

"我要见陈涉。"守门的长官要把他捆绑起来。经他反复解说,才放开他,但仍然不肯为他通报。等陈王出门时,他拦路呼喊陈涉的名字。陈王听到了,才召见了他,与他同乘一辆车子回宫。走进宫殿,看见殿堂房屋、帷幕帐帘之后,客人说:"夥颐!陈涉大王的宫殿高大深邃啊!"楚地人把"多"叫作"夥",所以天下流传"夥涉为王"的俗语,就是从陈涉开始的。这客人在宫中出出进进越来越随便放肆,常常跟人讲陈涉从前的一些旧事。有人就对陈王说:"您的客人愚昧无知,专门胡说八道,有损于您的威严。"陈王就把来客杀死了。从此之后,陈王的故旧知交都纷纷自动离去,没有再亲近陈王的人了。

为人仁孝　恭敬爱士

【原文】

四人皆曰:"陛下轻士善骂,臣等义不受辱,故恐而亡匿。窃闻太子为人仁孝,恭敬爱士,天下莫不延颈欲为太子死者,故臣等来耳。"

(《史记·留侯世家》)

【释义】

四位长老都（对刘邦）说："陛下轻慢士人，喜欢骂人，我们讲求仁义不愿受辱，所以害怕并躲起来。我们私下听说太子为人仁义忠孝，谦恭有礼，关爱士人，天下人没有谁不愿意伸长脖子想为太子拼死效力的。所以我们就来了。"

奉职循理　可以为治

【原文】

太史公曰：法令所以导民也，刑罚所以禁奸也。文武不备，良民惧然身修者，官未曾乱也。奉职循理，亦可以为治，何必威严哉？

（《史记·循吏列传》）[1]

【释义】

太史公说：法令用来引导民众向善，刑罚用来阻止民众作恶。文治、武治不完备时，善良的百姓依然有畏惧之心地自我修身，是因为官员们的行为不曾胡来。只要官员奉公尽职按规矩行事，就可以用它做标

---

[1] （汉）司马迁：《史记》，中华书局2013年版，第3741页。

准治理天下,为什么要用严刑峻法呢?

公仪休不受鱼

【原文】

公仪休者,鲁博士也。以高弟为鲁相。奉法循理,无所变更,百官自正。使食禄者不得与下民争利,受大者不得取小。

客有遗相鱼者,相不受。客曰:"闻君嗜鱼,遗君鱼,何故不受也?"相曰:"以嗜鱼,故不受也。今为相,能自给鱼;今受鱼而免,谁复给我鱼者?吾故不受也。"

食茹而美,拔其园葵而弃之。见其家织布好,而疾出其家妇,燔其机,云"欲令农士工女安所雠其货乎"?

(《史记·循吏列传》)

【释义】

公仪休,是鲁国的博士。由于才学优异做了鲁国的宰相。他遵奉法度,按规矩行事,丝毫不改变规制,因此百官的品行自然端正。他命令为官者不许和百姓争夺利益,得了大利的人不能再占小便宜。

有位客人给宰相公仪休送鱼,公仪休不收。客人说:"听说您极爱吃鱼才送鱼来,为什么不接受呢?"公仪休回答说:"正因为很爱吃鱼,才不能接受啊。现在我做宰相,自己还买得起鱼吃;如果因为今天收下你的鱼而被免官,今后谁还给我送鱼?所以我不收啊。"

公仪休吃了蔬菜感觉味道很新鲜,当得知菜是自家种的时,就把自家园中的菜都拔掉了。当他看见自家织的布很好,就立刻休掉了妻子,烧掉了织机,他说:"难道要让农民和织妇没有地方卖掉他们生产的货物吗?"

西门豹治邺

【原文】

西门豹即发民凿十二渠,引河水灌民田,田皆溉。当其时,民治渠少烦苦,不欲也。豹曰:"民可以乐成,不可与虑始。今父老子弟虽患苦我,然百岁后期令父老子孙思我言。"至今皆得水利,民人以给足富。

(《史记·滑稽列传》)

【释义】

西门豹就征调民工开凿了十二条渠道，引漳河水浇灌农田，农田都得到灌溉。在开凿河渠时，老百姓挖渠多少是有些怕苦的怨言的，不太愿意干。西门豹说："百姓可以同他们分享其成，却不能一开始同他们来谋划。现在父老子弟虽然怪罪我给他们带来辛苦，但是百年以后，他们的子孙会记得我说的话。"直到今天，那里的人都得到河水的好处，百姓也因此而富足。

天下壤壤　皆为利往

【原文】

故曰："仓廪实而知礼节，衣食足而知荣辱。"礼生于有而废于无。故君子富，好行其德；小人富，以适其力。渊深而鱼生之，山深而兽往之，人富而仁义附焉。富者得势益彰，失势则客无所之，以而不乐，夷狄益甚。谚曰："千金之子，不死于市。"此非空言也。故曰："天下熙熙，皆为利来；天下壤壤，皆为利往。"夫千乘之王，万家之侯，百室之君，尚犹患贫，而况匹夫编户之民乎！

（《史记·货殖列传》）

【释义】

所以说:"粮仓充实了,百姓就会懂得礼节;衣食丰足了,百姓就会知道荣辱。"礼产生于富有,而废弃于贫困。因此,君子富有了,就乐意做仁德之事;小人富有了,就任性敢作妄为。江河深,鱼就在那里生存;山林深,野兽就在那里藏身;人富有了,仁义之名就会依附于他。如果富有者得了势更加显赫,一旦失了势,依附于他的宾客也就不来了,因而心情不快。夷狄那里,这种情况更为突出。谚语说:"家有千金的人,不会犯法受刑死于闹事。"这不是空话。所以说:"天下之人,熙熙攘攘,都是为利而来、为利而往。"那些拥有千辆战车的君王,享有万户封地的诸侯,占有百室封邑的大夫。尚且担心贫穷,何况编入户口册内的普通老百姓呢!

不法其故　不循其礼

【原文】

民不可与虑始而可与乐成。论至德者不和于俗,成大功者不谋于众。是以圣人苟可以强国,不法其故;苟可以利民,不循其礼。

(《史记·商君列传》)

【释义】

不能和百姓在办事前进行商量，只能在成功之后共享成果。谈论最高道德的人是不会同世俗的人合流的，成就大事的人一般不与众人共同商量。因此，圣人只要能够使国家强盛，就不必沿用旧的成法；只要能够利于百姓，就不必遵循旧的礼制。

其他经典摘编

王侯将相，宁有种乎？

（《史记·陈涉世家》）

民以食为天。

（《史记·郦生陆贾列传》）

其君能下人，必能信用其民，庸可绝乎？

（《史记·楚世家》）

得人者兴，失人者崩。

（《史记·商君列传》）

恃德者昌，恃力者亡。

（《史记·商君列传》）

农，天下之本，务莫大焉。其开籍田，朕亲率耕，以给宗庙粢盛。

（《史记·孝文本纪》）

仓廪实而知礼节，衣食足而知荣辱，上服度则六亲固。四维不张，国乃灭亡。下令如流水之原，令顺民心。

（《史记·管晏列传》）

【释义】

王侯将相们的有权有势，难道是天生下来就有的吗？

百姓把吃饭当作天大的事。

（楚庄王说：）（郑君）既然能够屈居人下，就一定能取信于民、尽用其民，这样的国家怎么能被消灭呢？

得到人们的拥护和支持就兴旺，失去人们的拥护和支持就败亡。

完全依靠德政的国家昌盛，完全依靠暴力的国家败亡。

农业，是国家的根本，没有比为更大的事务了。耕种田地，我要亲自率领大家耕种，以此供给宗庙作祭器里的祭祀物。

仓库储备充实了，百姓才懂得礼节；衣食丰足了，百姓才能知道荣辱；国君的作为合乎法度，六亲才会得以稳固，不提倡礼义廉耻，国家就会灭亡。国家下达政令应该像有源之水，要顺着百姓的心意。

第四章
唐宋元明清的民本思想

第一节　唐太宗的民本思想

《贞观政要》是唐代史学家吴兢撰写的史书,记录了贞观年间唐太宗李世民与臣子魏徵、王珪、房玄龄、杜如晦等人关于治国理政的言论,以及部分谏议、奏疏等。唐太宗重视汲取秦、汉、隋等朝代的教训,推崇《尚书》中"民惟邦本,本固邦宁"的民本思想。《贞观政要》所载述他与魏徵等人的对话,实际上是他的思想主张,有的观点是通过旁人的话语来表达。

若安天下　先正其身

【原文】

贞观初，太宗谓侍臣曰："为君之道，必须先存百姓。若损百姓以奉其身，犹割股以啖腹，腹饱而身毙。若安天下，必须先正其身，未有身正而影曲，上治而下乱者。朕每思伤其身者不在外物，皆由嗜欲以成其祸。若耽嗜滋味，玩悦声色，所欲既多，所损亦大，既妨政事，又扰生民。"

(《贞观政要·君道》)①

【释义】

贞观初年，唐太宗对侍从的大臣们说："做君主的法则，必须首先存活百姓。如果损害百姓来奉养自身，那就好比是割大腿上的肉来填饱肚子，肚子填饱了，人也就死了。如果要想安定天下，必须先端正自身，绝不会有身子端正了而影子弯曲，上头治理好了而下边发生动乱的事。我常想能伤身子的并不是身外的东西，而都是由于自身追求耳目口鼻之好才酿成灾

---

① 《贞观政要》，骈宇骞译注，中华书局2011年版，第1页。

祸。如一味讲究吃喝，沉溺于音乐女色，欲望越多，损害也就越大，既妨碍政事，又扰害百姓。"

固其本 浚其源 积其德

【原文】

徵又上疏曰：臣闻求木之长者，必固其根本；欲流之远者，必浚其泉源；思国之安者，必积其德义。源不深而望流之远，根不固而求木之长，德不厚而思国之理，臣虽下愚，知其不可，而况于明哲乎！

(《贞观政要·君道》)[①]

【释义】

臣听说要想使树木长得高，必须使它的根部稳固；要想使水流得远，必须使它的源头疏通；要想使国家安定，必须以德治国。源头的水源不通畅却想让水流得很远，树根不牢固却想让树木长得高大，仁德不施却希望治理好国家，我虽然愚蠢到了极点，也知道这些是不可能的，更何况圣明的君主呢！

---

① 《贞观政要》，骈宇骞译注，中华书局2011年版，第16页。

以百姓之心为心

【原文】

（魏徵言）自古有道之主，以百姓之心为心，故君处台榭，则欲民有栋宇之安；食膏粱，则欲民无饥寒之患；顾嫔御，则欲民有室家之欢。此人主之常道也。

(《贞观政要·附直谏》)①

【释义】

自古以来有道的君主，都能想百姓所想，所以君主居处台榭，就想使百姓有房屋安身；君主吃美味佳肴，就想使百姓不受饥饿；看到嫔妃，就想使百姓有婚配成家的欢乐。这才是做君主的正常道理。

国之兴亡惟在百姓苦乐

【原文】

往者贞观之初，率土荒俭，一匹绢才得粟一斗，而天下帖然。百姓知陛下甚忧怜之，故人人自安，曾

---

① 《贞观政要》，骈宇骞译注，中华书局2011年版，第132页。

无谤讟。自五六年来，频岁丰稔，一匹绢得十余石粟，而百姓皆以陛下不忧怜之，咸有怨言，又今所营为者，颇多不急之务故也。自古以来，国之兴亡不由蓄积多少，惟在百姓苦乐。

（《贞观政要·奢纵》）①

【释义】

从前贞观初年，普天下霜灾歉收，一匹绢只能换得粟一斗，但天下平静。百姓知道陛下非常关心爱怜他们，所以人人自安，从无讪谤抱怨之词。近五六年来，连年丰收，一匹绢可以换十几石粟，然而百姓认为陛下不关心爱怜他们，都有怨言，这是由于徭役过重，加以如今所兴办的事务，许多都是无关紧要的缘故。从古以来，国家兴亡不是由于积蓄的多少，而只在于百姓的苦乐。

不失农时

【原文】

贞观二年，太宗谓侍臣曰："凡事皆须务本。国

---

① 《贞观政要》，骈宇骞译注，中华书局2011年版，第459页。

以人为本,人以衣食为本,凡营衣食,以不失时为本。夫不失时者,在人君简静乃可致耳。若兵戈屡动,土木不息,而欲不夺农时,其可得乎?"

(《贞观政要·务农》)①

【释义】

贞观二年,唐太宗对侍从的大臣们说:"处理任何事情都要抓住根本。国家以人民为根本,人民以衣食为根本,经营农桑衣食,以不误农时为根本。要不误农时,只有君王简单清静不劳民才做得到。如果连年打仗,大兴土木不停,而想不挤占农时,怎么可能呢?"

【导读】

唐太宗的民本思想很大程度上体现在他对君臣、君民关系的论述上。他认为君王要善于听谏纳谏,"任贤能、受谏诤","人君兼听纳下,则贵臣不得壅蔽,而下情必得上通也"。如果君臣之间"上下相蒙,君臣道隔,民不堪命",国家就一定会"率土分崩"。

---

① 《贞观政要》,骈宇骞译注,中华书局2011年版,第520页。

唐太宗认为，君王要重视农桑，轻徭薄赋，与民休息、发展生产，强调重农政策。要尊重自然规律，无为而治，不误农时，"使比屋之人，恣其耕稼"，让人民安居乐业。用礼仪教育百姓，"敦行礼让，使乡闾之间，少敬长，妻敬夫"，民风淳朴。贞观二年，即公元628年，京城发生大面积蝗灾，唐太宗亲自到田间视察灾情，他捉了几只蝗虫，说："百姓为粮食为命，你们却吞噬它们，百姓有过错，责任在我一人，如果你们真的有灵性，还不如吃掉我的心吧！"说罢不顾侍臣阻拦，执意吞下了蝗虫，果然蝗灾就没有了。

唐太宗强调君王要有忧患意识，防止"上之所好，下必有甚，竞为无限，遂至灭亡"的现象出现；要有自律意识，节制自己的欲望，"抑情损欲，克己自励""不听管弦，不从畋猎，乐在其中"，"朕为亿兆人父母，唯欲躬务俭约，必不辄为奢侈"[①]，如果国君贪得无厌，人民就要受苦受穷。

贞观十三年，魏徵觉察出唐太宗有纵奢行为，怕他难以"克终俭约"，便上疏谏说："陛下贞观之始，

[①]《贞观政要》，骈宇骞译注，中华书局2011年版，第523页。

视人如伤,恤其勤劳,爱民犹子。每存简约,无所营为。顷年已来,意在奢纵,忽忘卑俭,轻用人力",还说老百姓没事干就容易骄逸,经常役使反而容易驾驭。魏徵还举例说,自古以来就没有出现过因老百姓清闲安乐而亡国的,为了怕他们清闲而去折腾他们,这不是定国兴邦的观点。

第二节 韩愈、柳宗元的民本思想

韩愈(公元768—824年)与柳宗元(公元773—819年)是中唐时期的同僚,也都是著名文学家,唐代的韩愈、柳宗元与宋代的欧阳修、苏洵、苏轼、苏辙、王安石和曾巩,并称为"唐宋八大家",其中韩、柳分别位居第一、第二,有"韩柳"之称。他们二人也是唐朝古文运动的倡导者。但两人在政治上有分歧,柳宗元事于王伾、王叔文,而这两人是韩愈政治上的死敌。但韩、柳二人是好朋友,柳宗元死后,韩愈撰《祭柳子厚文》,对柳宗元的文字极尽赞美之词,对他的不被重用而寄予深切同情与不平,可见二人之情谊。

韩、柳二人的民本思想多有相通之处，都从普通民众的命运角度进行思考，并留下大量体现民本思想的诗文。

韩愈，字退之，河南河阳（今河南省孟州市）人，汉族，世称"韩昌黎""昌黎先生"。唐代杰出的文学家、思想家、哲学家，政治家。贞元八年（公元792年），韩愈考上进士，先后任宣武、宁武节度使判官，后官至监察御史。因上书批评宫市之弊端被贬为阳山令。元和十二年（公元817年）随宰相裴度平定淮西之乱，任刑部侍郎。元和十四年（公元819年），因反对唐宪宗迎取佛骨而触怒皇帝，被贬为潮州刺史，改官袁州（今江西宜春）。穆宗时又被召为四门博士、国子祭酒历，任兵部、吏部侍郎。卒后，赠礼部尚书。

韩愈人生命运坎坷，对民生、民情、民意体悟很深，在为官一方时为百姓做过许多好事，因而受到百姓拥戴。

这里列举几个韩愈关心百姓的故事。

传说中，韩愈初到潮州，正逢水灾，他亲自骑马到灾区察看水情，他吩咐随从，凡是他的马走过的地方都插上竹竿作为标志，然后通知百姓们按着竹竿标记筑堤,渐渐地那些插了竹竿的地方形成了一条山脉,堵住了洪水。百姓们感恩于韩公,称之为"竹竿山"。

当时潮州有一条江,江中有很多吃人的鳄鱼,成为当地一害,许多过江的人都被它们吃了。一天,又有一个百姓遇害了。韩愈忧心忡忡:鳄鱼不除,后患无穷。于是他决定亲自去江边设坛祭鳄,摆好祭品后,对着江水大声喊道:"鳄鱼!鳄鱼!韩某来这里做官,为的是能造福一方百姓。你们却在这里兴风作浪,限你们三天之内出海,如果七天还不走,绝对严处。"从此,潮州再也没有发生过鳄鱼吃人的事情了。人们把韩愈祭鳄鱼的地方称为"韩埔",渡口称为"韩渡",这条大江则被称为"韩江",江对面的山被称为"韩山"。

潮州江里的放排工经常既要扛杉木,又要扎杉排,需要一会儿跳下水里作业,一会儿又要爬上岸,因此他们身上的衣服干了湿、湿了干,长年如此,不少放排工患风湿病等。于是他们干活时干脆赤裸着身子。而来江边挑水、浣洗的妇女每每看见,就告到官府,放排工们只好又穿上衣服。韩愈听说这件事后,认为放排工成天穿着一身湿衣服,的确容易得病,他后来想了一个办法,即放排工只需要在腰间扎块遮羞布就可以。后来潮州人把它叫作"水布"。这个故事说明了韩愈对劳苦大众的体恤。

韩愈的民本思想,主要体现在他的诗文中。

奈何民不穷且盗?

【原文】

古之为民者四,今之为民者六。古之教者处其一,今之教者处其三。农之家一,而食粟之家六。工之家一,而用器之家六。贾之家一,而资焉之家六。奈之何民不穷且盗也?

(韩愈《原道》)[1]

【释义】

古代把人民分成四类,当今把人民分成六类。古代进行教育的占其中之一,现在却占其三。务农的只有一家,而吃饭的却有六家;务工的只有一家,而要用器具的却有六家;经商的只有一家,而需要商品供应的却有六家。怎么能让百姓不困顿而去作乱呢?

---

[1] 《古文观止(下)·卷七韩愈》,中华书局2015年版,第468页。

君令　臣行　民事上

【原文】

是故君者，出令者也；臣者，行君之令而致之民者也；民者，出粟米麻丝、作器皿、通货财以事其上者也。君不出令，则失其所以为君；臣不行君之令而致之民，则失其所以为臣；民不出粟米麻丝、作器皿、通货财以事其上，则诛。

(韩愈《原道》)①

【释义】

因此说，君王是发布政令的；臣子是执行君王指令并且实施到百姓身上的；百姓是生产粮食丝麻、制作器物、交流商品以供奉在上面的统治者们的。君王不发布命令，就丧失了作为君王的权力；臣子不执行君王的命令并且实施到百姓身上，就失去了作为臣子的资格；百姓不生产粮食丝麻、制作器物、交流商品来供应统治者，就应该受到惩罚。

---

① 《古文观止（下）·卷七韩愈》，中华书局2015年版，第469页。

不耻相师

【原文】

巫医、乐师、百工之人,不耻相师。士大夫之族,曰师、曰弟子云者,则群聚而笑之。问之,则曰:"彼与彼年相若也,道相似也。"位卑则足羞,官盛则近谀。呜呼!师道之不复,可知矣。巫医、乐师、百工之人,君子不齿,今其智乃反不能及,其可怪也欤!

(韩愈《师说》)①

【释义】

巫医、乐师、各种工匠等这些人,不以互相学习为耻。而士大夫这类人,一说到"老师""弟子"的,就有人凑上来嘲笑人家。问他们为什么,就回答说:"他和他年龄差不多,道德学问也应该差不多啊。"拜地位低的人为师,自己觉得羞耻;拜官职高的人为师,就近乎谄媚了。唉!古代那种拜师求教的风尚不再在了,从上面这些话里就可以得知了。巫医、乐师

---

① 《古文观止(下)·卷七韩愈》,中华书局2015年版,第485页。

和各种工匠等这些人,君子们不屑与他们为伍,现在君子们的见识反而赶不上他们,真是奇怪啊!

圬者王承福传

【原文】

圬之为技,贱且劳者也。有业之,其色若自得者。听其言,约而尽。问之,王其姓。承福其名,世为京兆长安农夫。天宝之乱,发人为兵,持弓矢十三年,有官勋,弃之来归,丧其土田,手镘衣食,馀三十年。舍于市之主人,而归其屋食之当焉。视时屋食之贵贱,而上下其圬之佣以偿之。有余,则以与道路之废疾饿者焉。

又曰:粟,稼而生者也,若布与帛,必蚕绩而后成者也,其他所以养生之具,皆待人力而后完也,吾皆赖之。然人不可遍为,宜乎各致其能以相生也。故君者,理我所以生者也,而百官者,承君之化者也。

(韩愈《圬者王承福传》)[1]

---

[1] 《古文观止(下)·卷七韩愈》,中华书局2015年版,第494页。

【释义】

粉刷墙壁作为一种手艺，是卑贱而且辛苦的。有个人以这作为职业，样子却好像自在满意。听他讲的话，言辞简明，意思却很透彻。问他，他说姓王，承福是他的名。祖祖辈辈是长安的农民。天宝年间发生安史之乱，抽调百姓当兵，他也被征入伍，手持弓箭战斗了十三年，有官家授给他的勋级，但他却放弃官勋回到家乡来。由于丧失了田地，就靠拿着镘子维持生活过了三十多年。他寄居在街上的屋主家里，并付给相当的房租、伙食费。根据当时房租、伙食费的高低，来增减他粉刷墙壁的工价，归还给主人。有钱剩，就拿去给流落在道路上的残废、贫病、饥饿的人。

他又说：粮食，是人们种植才长出来的。至于布匹丝绸，一定要靠养蚕、纺织才能制成，其他用来维持生活的器物，都是靠人力劳动来完成的，我都依赖于它们。但是人不可能样样都亲力亲为，最合适的办法是各人尽自己所能来相互帮助。所以国君的责任是，管理我们这些老百姓并生活好，而百官的责任，则是按照国君的旨意来教化百姓。

第四章　唐宋元明清的民本思想

【导读】

韩愈生活在"安史之乱"后的中唐期,经历过代宗、德宗、顺宗、宪宗、穆宗等五位皇帝。他的民本思想在很大程度上是从两个角度展开的,一是从统治者角度,二是从民众生计角度。但他的民本思想的核心是"上忠君,下爱民""上利国,下利民",这两者是统一的关系,他的"爱民"是为了忠君,为了维护封建专制统治,他的"忠君",是为了更好地爱民,这两者不是对立的、割裂的关系。

首先,韩愈强调用儒家思想统一民众认识。他认识到要维护中央集权,必须凝聚民心。中唐以后,两汉时期传入中国的佛教开始从民间走向官方,中唐、晚唐时期的皇帝大多迷信佛法,唐宪宗为甚。听说凤翔法门寺里的护国真身塔里,供奉着一截据说是释迦牟尼佛留下来的指骨,每三十年让人瞻仰礼拜一次,十分灵验,唐宪宗便派人到法门寺迎取佛骨进宫来供奉。上有好之,下必甚焉,很快在社会上形成了浓厚的崇佛之风,甚至风潮狂热。与此同时,道教也十分兴盛,道家人士社会地位高涨。韩愈不信佛,也不信道,看到佛、道大受追捧,寺院、道观香火鼎盛,铺张浪费现象十分严重,一些人以此大肆敛财,并且形成影响社会的势力，威胁到国家的财力，民怨积多。而且佛、道的观念影响到当时的社会心理、社会风气和思潮，不符合道统思想，破坏了业已行之有效的等级制度，影响到封建统治阶级的基础，便竭力主张弃佛、道，尊儒家，以聚拢民心。有鉴于社会上百姓中已经出现的"焚顶烧指，百十为群，解衣散钱，自朝至暮，转相仿效，惟恐后时，老少奔波，弃其业次"现象，韩愈痛心疾首，上书《谏迎佛骨》，力数从黄帝到周穆王期间没有佛法而长治久安，而汉明帝自引入佛教导致国运不长，其后南朝梁武帝沉迷佛法，最后被侯景囚禁饿死于台城，等等，从政治、经济、思想、社会管理等各个方面力陈兴佛的危害，提出"儒德治国"的思想。正是这道谏书激怒了以唐宪宗为首的统治者，差点儿丧命的韩愈被贬到潮州。韩愈正是从佛教对社会思想的冲击和百姓生活的影响，才力谏皇帝的，这体现了他为民请命的责任感。

其次，韩愈设计出君、臣、民三者的社会使命，明确了责任和分工，注重保持民众的利益。在《原道》中韩愈指出，"君者，出令者也；臣者，行君之令而致之民者也；民者，出粟米麻丝、作器皿、通货财以事其上者也"，把三者的社会分工、社会职责、社会地位区分得清清楚楚，要求各行其职、各尽其责。这在一定程度上体现了韩愈用儒家思想中的等级观念规范社会秩序的政治主张。韩愈既重视民众要履行自己的职责，又重视保护民众的利益。在《论变盐法事宜状》中，针对户部侍郎张平叔提出恢复官营、全面禁榷的"盐法十八条"，韩愈逐条批驳，对市场和盐商的作用给予充分肯定，就"乡村远处，或三家五家，山谷居住，不可令人吏将盐家至户到，多则粜货不尽，少则得钱无多"等现象，对官方卖盐的制度进行批评，指出"百姓宁为私家载物取钱五文，不为官家载物取十文钱也"，道出了百姓宁可少挣钱，也不愿给官府干活的本质，在于官民关系对立、不平等，官方没有保护普通民众的利益。

第三，韩愈关心民瘼，崇尚劳动，礼敬普通民众，有一种朴素的悲悯情怀。韩愈一出生就失去了生母，从他的作品中几乎难觅其生母的身影即可侧证这一点。三岁时成为孤儿，由兄嫂抚养，"惟兄嫂是依"，而哥哥中年又殁，靠嫂子养活。不到四十岁却已是"视茫茫""发苍苍""齿牙动摇"。两遭贬谪到偏僻之地、瘴疠之地、凶险之地，过着流徙生活，他曾经在过秦岭到南方上任途中，赋诗曰："云横秦岭家何在，雪拥蓝关马不前"，可见其仕途之坎坷。但正因为如此，他有了深入下层、悉知民情的机会，所以韩愈对下层百姓充满深深的同情。在《圬者王承福传》中，韩愈刻画了泥瓦匠王承福的形象。王承福世代都是京都长安人，天宝之乱时他打仗立了功，却没有接受朝廷的封功，而是回到家乡做一名"贱且劳也"的泥瓦匠。韩愈以白描的手法，肯定了王承福自食其力、安贫乐道的精神，通过这位泥瓦匠之口对他曾为之劳作，而这些富贵之人尸位素餐、薄功厚飨，甚至身死名裂下场的蔑视，表现出鲜明的爱憎、褒贬情感，既抨击了当世的不公，又讴歌了劳动的伟大。为一个普通下层人物立传，也说明了韩愈心目中的民众观。

最后，韩愈重视对民众的教育，主张"儒德治国"首先是要对百姓进行教育。他十分重视德育教育，主张用封建道德观念灌输给民众，再用刑罚对他们进行控制。韩愈还提出要为巩固封建专制统治而造就人才，提出了"世有伯乐，然后有千里马"的人才观。培养百姓的仁德之心，自觉遵守法律、自觉遵守道德规范，做到孝顺父母、忠于君王、忠于国家。

柳宗元，唐代文学家、哲学家、散文家和思想家。字子厚，汉族，祖籍河东（今山西省永济市），世称"柳河东"。他是中唐时期一位进步的思想家，却是一位失败的政治家。在朝仅两年时间，官只到六品，由于参与永贞革新败露而遭贬。因官终柳州刺史，又称"柳柳州"。与韩愈并称为"韩柳"，与刘禹锡并称为"刘柳"，与王维、孟浩然、韦应物并称"王孟韦柳"。

虽然韩愈与柳宗元政见不同，各事其主、各有主张，但又是文坛好友，惺惺相惜，多有唱和。韩愈在为柳宗元所撰《柳子厚墓志铭》中，称颂了柳宗元的政治才能和显著政绩，诗文才华，以及人格魅力等。如"以博学宏词授集贤殿正字。俊杰廉悍，议论证据今古，出入经史百子，踔厉风发，率常屈其座人。名声大振，一时皆慕与之交。诸公要人，争欲令出我门下，交口荐誉之"，连达官显贵都争相想把他罗致门下，可见柳宗元的影响力之大。韩愈在文中，以柳宗元采用用工报酬制度来破除柳州当时盛行的"以子女作为人质抵押借款"的陋俗、解救了近千人为例，尤其赞美了柳宗元的为民情怀和民本思想，其情之切切，其意之深深，力透纸背，被誉为"昌黎墓志第一，亦古今墓志第一"。柳宗元的民本思想，主要体现在他的为官政绩和诗文中。

各行其是

【原文】

生植与灾荒，皆天也；法制与悖乱，皆人也，二之而已。其事各行，不相预，而凶丰理乱出焉，究之矣。

（柳宗元《答刘禹锡天论书》）

【释义】

万物的生长种植或者灾荒，都由天的因素决定的；而社会的依法治理或者动荡不安，都是人的因素造成的，是两个不同的因素。这些事情各有自己的规律，互相不干预，但是凶险或者吉祥、稳定或者动乱都出自其中，要深入考究啊。

赋敛之毒甚于蛇者

【原文】

孔子曰："苛政猛于虎也！"吾尝疑乎是，今以蒋氏观之，犹信。呜呼！孰知赋敛之毒，有甚是蛇者乎！故为之说，以俟夫观人风者得焉。

（柳宗元《捕蛇者说》）

【释义】

孔子说:"苛酷的统治比老虎还要凶残啊!"我曾经怀疑过这句话,现在根据蒋氏的遭遇来看,还真是可信的。唉!谁知道苛捐杂税的毒害比毒蛇的毒害还厉害呢!所以我写了这篇记叙文章,留待那些考察民情的官吏参考。

植木之道

【原文】

驼曰:"凡植木之性,其本欲舒,其培欲平,其土欲故,其筑欲密。既然已,勿动勿虑,去不复顾。其莳也若子,其置也若弃,则其天者全而其性得矣。故吾不害其长而已,非有能硕茂之也;不抑耗其实而已,非有能早而蕃之也。"

问者曰:"以子之道,移之官理,可乎?"

驼曰:"我知种树而已,官理非吾业也。然吾居乡,见长人者好烦其令,若甚怜焉,而卒以祸。旦暮吏来而呼曰:'官命促尔耕,勖尔植,督尔获,蚤缫而绪,蚤织而缕,字而幼孩,遂而鸡豚。'鸣鼓而聚之,击木而召之。吾小人辍飧饔以劳吏者,且不得暇,又何以蕃吾生而安吾性耶?故病且怠。若是,则与吾业者其亦有类乎?"

(柳宗元《种树郭橐驼传》)

【释义】

郭橐驼说:"但凡种树的方法是,树根要舒展,培土要均匀,根上要用旧土,筑土要结实。已经这样做了之后就不要再动它,也不必担心它,离开后不要再去折腾。栽种时要像对待孩子一样细心,栽好后可以像抛弃了它们一样不要管它,那么树木的天性就得以保全,它的习性就得以实现。所以我只不过不妨害它的生长习性罢了,并不是有能使它长得高大茂盛的诀窍;只不过是不抑制不耗损它的果实罢了,并不是有能使它果实结得又早又多的诀窍。"

问的人说:"把你种树的方法,转用到做官治民上,可行吗?"郭橐驼说:"我只知道种树罢了,做官治民不是我的职业。但是我住在乡里,看见那些官吏喜欢不断地发号施令,好像是很怜爱百姓啊,但百姓最终反而因此受到祸害。早上晚上那些官吏跑来大喊:'长官命令:催促你们耕地,勉励你们种植,督促你们收获,早些煮茧抽丝,早些织布,养育好你们的小孩,喂大你们的鸡和猪。'一会儿打鼓一会儿敲梆地召集大家。我们这些小老百姓停下饭碗去招待应付官吏还不得空,又怎能使繁衍生息、安定心性过日子呢?所以我们既困苦又疲乏,像这样来治民,与我种树的行当大概也有相似的地方吧?"

不知天

【原文】

今夫人有疾痛、倦辱、饥寒者,因仰而呼天曰:"残民者昌,佑民者殃!"又仰而呼天曰:"何为使至此极戾也!"若是者,举不能知天。

(柳宗元《天说》)

【释义】

如今人们遇到病痛、劳累和屈辱、饥寒交迫的时候,便仰天长呼道:"为什么残害人民的人反而昌盛,护佑人民的人反而遭殃啊!"或者仰天长呼道:"为什么会出现这样极端悖理的事情啊!"这说明,他们都不知道天是怎么回事啊!

休符在仁

【原文】

凡其所欲，不谒而获；凡其所恶，不祈而息。四夷稽服，不作兵革，不竭货力。丕扬于后嗣，用垂于帝式。十圣济厥理，孝仁平宽，惟祖之则。泽久而愈深，仁增而逾高。人之戴唐，永永无穷。是故受命不于天，于其人；休符不于祥，于其仁。惟人之仁，匪祥于天；匪祥于天，兹惟贞符哉！未有丧仁而久者也，未有恃祥而寿者也。

（柳宗元《贞符并序》）

【释义】

凡是老百姓想要的，不用请求就可以得到；凡是老百姓厌恶的，不用祈祷就能停止。四方安定，没有外忧内患，不用打仗，不用耗尽财力。大力地发扬先帝留给后世的道义规范。本朝最初的十位圣贤皇帝，使他们得到治理，孝顺仁爱平和宽厚，是因为以先祖为榜样。恩泽积淀越来越深，仁爱增加越来越多。人们对唐朝的爱戴，永远没有止境。所以承受这么好的命运不在于天，而在于人；美好的命符不在于祥瑞，而在于仁政。只有在于人的仁政，而没有在于天的祥瑞；不依赖于天的祥瑞，才是真正的贞符啊！不会有丧失了仁政而能持久的，也没有凭借祥瑞而长久存在的。

【导读】

柳宗元的民本思想，主要表现在以下方面。

首先，要想长治久安，必施仁政。柳宗元主张君王要"思德之所未大，求仁之所未备"，尽力推行仁政。他自己也是以"中正信义为志，以兴尧舜孔子之道为务"，与"二王八司马"们共同推进旨在反宦官集团，推行仁政、革除弊政的"永贞革新"，力主取消民愤极大的，诸如随意欺压勒索百姓的"官市"制度、专事欺压百姓的"五坊小儿"制度等，受到百姓拥护。他反对"怠事盗民"的昏官、庸官、贪官，讲求公平，"司平"于民。被贬柳州任刺史期间，大胆革除弊政，禁止巫术妖言惑众，推广种植草药医方，带领民众垦荒打井、造船栽树，政绩显著。因而无论是在位，还是被贬，仁政爱民一直是他的思想核心。

其次，治理天下的因素在人而非神、在政而非天。在《贞符》一文中，柳宗元深刻地批判了董仲舒的"天人感应"思想,指出"推古瑞物以配受命"的行为,"其言类淫巫瞽史,诳乱后代",意思是,君王臣民所指望的,由上天赐予的祥瑞之符,以及神授、天授等,其实是没有任何作用的,只有实施仁政才是最大的祥瑞,有力地批判了君权天命、君权神授的思想。在《非国语·山川震》篇中,柳宗元对《国语·周语》中把西周的灭亡归究于地震而不是周幽王荒淫无度的观点,进行了批驳,指出大自然"自动自休,自峙自流""自斗自竭,自崩自缺",是自然现象,与人没有商量,而西周的灭亡在于政治腐败,与地震无关。柳宗元的这些观点与荀子、王充等的反天人感应、反"奉天承运"思想一样,体现了反天命的朴素唯物主义思想,具有进步性,难能可贵,对传统民本思想具有推进作用和发展意义。

再次,立君为民,突出百姓的地位。"官为人役"或者"吏为民役",是柳宗元民本思想的一个核心。他是最早提出民为主、官为仆的思想家,柳宗元认为,"民养官",官吏是由老百姓养活的,他在《送薛存义序》篇中说,"凡民之食于土者,出其十一佣乎吏""役于人而食其力,可无报也?"因此官员应以感恩报答之心对待老百姓。柳宗元一个显著的政绩是推行百姓拥有任免、赏罚、监督与惩治贪官污吏的权力。官吏要在遵守法制、维护纲纪的前提下为民行使权力。这些思想含有明显的民主色彩。但是，柳宗元同时又强调"民以君为主"，而不是以民权为主，仁政要靠君王的赐予，因此柳宗元的民主思想带有不彻底性。

第四，突出小人物的作用与地位。柳宗元在《捕蛇者说》篇中，讲述了永州郊外一家三代为了躲避赋役，宁愿去捕毒蛇而相继惨死的故事，抨击了"苛政猛于虎"的社会现实；在《梓人传》篇中，描述了木匠杨潜建造官府时的施工才能和工匠精神，隐喻朝廷用人应该唯才是用；在《种树郭橐驼传》篇中，通过郭氏的"顺木之天，以致其性"的种树道理，表达自己的养民主张；在《掩役夫张进骸》篇中，抒发自己亲手掩埋从前马夫张进的遗骸时的悲叹，感叹马夫"生平勤皂枥，瘏悴不告疲"的勤劳、忠厚，死后却"髐然暴百骸，散乱不复支"、没有人收尸的悲惨；在《宋清传》篇中，表扬了药材商人宋清坚守职业道德和社会责任，不制假售假、出卖高价药，不像有些人"炎而附，寒而弃"，无论贫富贵贱一视同仁的高尚品德；在《童区寄传》篇中，讲述了一位"郴州荛牧儿"以智慧战胜两个劫匪却光明磊落的故事；等等。柳宗元关心平民百姓，赞美朴素，歌颂劳动，藐视权贵，表现出高尚的人民观和民本思想。

最后，勿扰民，实现"民自利"。柳宗元在《种树郭橐驼传》篇中，通过讲述一位形体扭曲的驼背郭大爷种的树无不"硕茂蚤实以蕃"的故事，阐述了"顺木之天，以致其性"的道理，论述了种树之术与养人之术的一致性，进而宣扬了驭民之术在于"顺人之欲""遂人之性"。这一思想与道家的无为而治的主张十分相通。官吏对百姓要放手，不能干预太多，否则过多的"利民"就是"扰民"，"虽曰爱之，其实害之；虽曰忧之，其实仇之。"由此可见，柳宗元的民本思想中，既有儒家的重民、仁政成分，又有佛家的仁爱、慈悲情怀，既有法家的管理思想，还有道家的无为主张，它的高境界是"民自利"。

第三节　宋代的民本思想

两宋时期的政治思想和社会思潮有两条主线，一条是以李觏、王安石、陈亮、叶适等为代表的功利主义思想,一条是以周敦颐、张载、程颐、程颢、朱熹等为代表的宋代理学新儒家社会思想。功利主义者提倡"经世",关注现实社会问题和社会事务,强调达到的效果(即功),增大政府提供给社会的利益好处(即利)①。有人认为,功利主义者代表了传统儒家入世思想和现实主义的复兴。而理学是儒学哲学化的新形态,是儒学的进一步发展。宋明理学是儒释道三教合流的产物,它以儒家思想为主,吸收佛学、道教思想,指向内心世界和个人道德②。因为理学家认为,每个人都需要进行严格的道德修养,"理"是宇宙最高本体,是哲学思辨的最高范畴;理学家追求成圣之道,主张恢复古道,因此理学也被称为"道学"。

中国古代思想在经历了唐代的波谷之后,从宋代走向清晰、成熟。无论是哪一条思想主线,他们的社会实践中都包含丰富的民本主张和举措,社会思想中都蕴含着丰富的民本思想。不少思想家、哲学家产生了独特的民生观念和民本思想,在此选取五位代表人

---

① 王处辉主编:《中国社会思想史》,中国人民大学出版社2015年版,第263页。
② 王处辉主编:《中国社会思想史》,中国人民大学出版社2015年版,第297页。

物的著述摘要并稍作阐述。

李觏（1009—1059年），北宋时期建昌军南城（今江西省南城县）人，生活在北宋真宗、仁宗统治时期，是北宋中叶重要的哲学家、思想家、教育家、改革家。他出身贫寒，生逢北宋贫弱之时，但发愤读书，刻苦著述，以求"康国济民"之策。在家乡创办盱江书院，"唐宋八大家"之一的曾巩是他的学生，他的另一位学生邓润甫参与过王安石的变法。王安石是李觏的好朋友。范仲淹极其赏识李觏的才华，称其"讲论六经，辩博明达，释然见圣人之旨；著书立言，有孟轲、扬雄之风"，并向朝廷竭力推荐，李觏被授予"太学助教""太学直讲"等，有"李直讲"之谓。

李觏继承了唐代杨炎、白居易等人的进步思想，开创了新功利主义思想先河，对后来陈亮、叶适等功利主义学派代表人物有很大影响。李觏以"康国济民为意"，关注社情民意，关注民生问题，其民本思想主要反映在《潜书》《广潜书》《礼论》《平土书》《周礼致太平论》《庆历民言》《富国策》《安民策》《强兵策》等作品中。

谭礼乐以陶吾民

【原文】

天下治,则谭礼乐以陶吾民;一有不幸,尤当仗大节,为臣死忠,为子死孝。使人有所赖,且有所法。是惟朝家教学之意。若其弄笔墨以侥利达而已,岂徒二三子之羞,抑亦为国者之忧。

(李觏《袁州州学记》)[1]

【释义】

天下太平的时候,要光大礼乐来陶冶百姓的性情;一旦发生不幸之事,必坚守节操,做臣子的为国尽忠,当人子的为父尽孝。可以使人有精神依靠,有规矩可以遵循。这就是国家倡导教学的本意。如果来这里只学得一点舞文弄墨的本领以求得富贵名利,那岂止是你们几个人的羞耻,同样也是治国之君的担忧啊。

---

[1] 《古文观止》,钟基、李先银、王身钢译注,中华书局2009年版,第631页。

治 乱

【原文】

治之民思乱,乱之民思治。智者虑乱于治,愚者谓治不复乱。

(李觏《庆历民言》)

【释义】

稳定中的百姓会因为不满足而闹事,动乱中的百姓会渴望安定。有智慧的人能够在稳定中思虑不稳定因素,而没有智慧的人说稳定了就不会再动乱了。

耕者得食,蚕者得衣

【原文】

田均则耕者得食,食足则蚕者得衣,不耕不蚕,不饥寒者希矣。

(李觏《潜书》)

【释义】

土地均平则种田的有粮食吃,有粮食吃则养蚕的有衣服穿,既不种田又不养蚕,不挨饿受冻才稀奇呢。

安居乐业

【原文】

夫治民必先定其居处,而后可使之乐业也。

(李觏《周礼致太平论》)

【释义】

管理百姓一定要先让他们有安定的住所,然后才可能让他们乐于所从事的职业。

建国君民,教学为先

【原文】

古之王者,建国君民,教学为先也。

所谓安者,非徒饮之、食之、治之、令之而已也,必先于教化焉。

教则易为善,善而从正,国之所以治也;不教则易为恶,恶而得位,民之所以殃也。

(李觏《安民策》)

【释义】

古代的圣贤君王,建设国家,管理百姓,是把教育他们,让他们学习儒道放在首位的。

国泰民安的前提是,让人民受到良好的教育,从而提高文化修养和道德品质,而不能仅仅满足于他们衣食无忧,以法律规范进行约束治理。

对君子进行教育,他们就容易从善,从善就会从正,国家就能够治理了;如果不教育则容易从恶,如果他们从恶而且得到权位了,百姓就要遭到祸害了。

【导读】

李觏的民本思想,主要表现在以下方面:

首先,其民本思想主旨是康国、经世、济民。因此他主张以儒家经典为主体,呼唤社会回归传统,在"务为治"的目的下,充分吸收法家、墨家、兵家的思想,倡导尊君、重礼、守法的社会理念,倡导"明君理国""良吏施政""一致以法"的管理理念,礼法兼施,王霸并举,从而使社会回归到夏、商、周时代的政治制度和社会秩序,建立一个富国兵强民足的理想社会。因此从这个意义上说,李觏的民本思想是君本思想、国本思想的基础和表征,在一定程度上甚至是合三为一。

其次,强调君对民的作用,以及君民平等的地位。李觏认为,"为民立君""养民者,君也""天命不可违""民心不可背"。在他看来,君为天所定,民为天所生,那么君、民同为兄弟,是处于平等地位的,作为天子的君,有责任护佑民,百姓应该受到天的庇护,君王应该解决百姓的现实生活问题,"人之始生,饥渴存乎内,寒暑交乎外。饥渴寒暑,生民之大患也",因此,君王应当谨记"民以食为天","生民之道,食为大,有国者未始不闻此论也。"

第三,其民本思想的基础是农本思想。李觏在《平土书》《潜书》等著作中主张"平土均田""轻徭薄赋""强本抑末"等政策,恢复周朝的井田制,批评秦孝公采用商鞅变法实行的"废井田,开阡陌"政策,使井田制度遭到了破坏,阐明自己善于平土、均田的思想,"井地立则田均,田均则耕者得食",主张"王法必本于农","法制不立,土田不均,富者日长,贫者日削",造成"贫民无立锥之地,而富者田连阡陌"的贫富差距。要减轻农民负担,发展生产,防止劳力与土地相脱离的状况,不能因土地过分集中在富人手里而导致大量农民失去土地,成为无业游民。他的井田制、平土法，实质上是为了防止大地主阶级对农民阶级的剥削。在发展农业方面，李觏提倡"尽地力""广垦辟"，做到"天下无废田""柔桑满野"。要把大量农民安置在田地上，做到"耕者众""一心于农"。

第四，加强对民众百姓的教育。李觏主张加强对民众的儒家思想教育，倡导"一本以礼"，即用周礼、儒家思想统一民众思想。他在《袁州州学记》篇中，比较全面地阐发了教民思想，且主张用儒学来维系民心、辅助政治、管理社会。他举例说，秦国"以山西鏖六国，欲帝万世，刘氏一呼而关门不守，武夫健将卖降恐后"，为什么如此不堪一击呢？是因为秦国废弃了《诗》《书》之道，使得人们只贪图私利而不顾仁义啊。相比之下，汉武帝刘彻、汉光武帝刘秀都大力推行儒学，遵循儒道，淳厚的风气一直延伸到汉灵帝、汉献帝，儒学教化道德的力量多么强大。因此，李觏主张对民众，对社会各阶层都要进行思想教育。

王安石（1021—1086年），字介甫，汉族，临川（今江西抚州市临川区）人。北宋时期思想家、政治家、文学家、改革家。庆历二年（1042年）王安石进士及第，历任扬州签判、鄞县知县、舒州通判等职；熙宁二年（1069年），任参知政事，次年拜相，主持变法。因守旧派反对，熙宁七年（1074年）罢相。一年后，宋神宗再次起用，旋又罢相，退居江宁。元祐元年（1086年），病逝于钟山（今江苏南京）。

王安石致力推行新法，他设计并主导推动的"王安石变法"成为中国古代政治改革的标志性事件，他确立了要改变宋朝"积贫积弱"现状的总方针，实现"富国强兵"的总目标等，是具有积极、进步意义的。王安石变法触动利益集团和权贵阶层的利益，遭受他们的联手抵制和打压，加之变法主张者内部出现了分裂，动摇了皇帝对变法的支持决心和改革的信心，导致王安石变法的最终失败。但是他的变法方向是正确的，也为后世的改革积累了可贵的经验和教训。他潜心经学，被誉为"通儒"，创"荆公新学"；其"五行说"丰富和发展了中国古代朴素唯物主义思想；王安石的文学成就尤为突出，名列"唐宋八大家"。

王安石的治政思想和民本思想主要体现在他的变法新政和著作《易义》《论语解》《孟子解》《老子注》《临川先生文集》等中。

安利之要在正风俗

【原文】

夫天之所爱育者民也,民之所系仰者君也。圣人上承天之意,下为民之主,其要在安利之。而安利之要,不在于它,在乎正风俗而已。故风俗之变,迁染民志,关之盛衰,不可不慎也。

(王安石《风俗》)

【释义】

上天的爱来养育百姓,百姓因此也追随君王。圣人对继承天的意志,对下为万民做主,其关键在于安定和恩惠百姓。而安定和恩惠的关键不在于别的,只在于端正风俗罢了。所以风俗改变了,逐渐改变民众的志向,关系着国家的兴亡,不可以不慎重啊。

淳朴之风

【原文】

淳朴之风散,则贪饕之行成;贪饕之行成,则上下之力匮。如此则人无完行,士无廉声,尚陵逼者为时宜,守检押者为鄙野。节义之民少,兼并之家多,富者财产满布州域，贫者困穷不免于沟壑。

（王安石《风俗》）

【释义】

淳朴的风俗消失了，贪婪浪费的风俗就形成了；贪婪浪费的风俗一旦形成，国家上下的财力就会随之匮乏。如此一来每个人的品行都会随之败坏，士人没有廉洁的声誉，崇尚欺压逼迫成了时尚，遵守法令却被当作陋习。保持节义的百姓减少了，兼并土地的豪强增多了，富豪们的财产遍及各州县，而穷人走投无路死在路边沟里。

礼义廉耻之所兴

【原文】

夫闵仁百姓，而无夺其时，无侵其财，无耗其力，使其无憾于衣食，而有以养生丧死。此礼义廉耻之所兴，而二帝三王诚敕百工诸侯之所先，后世不可以忽者也。

（王安石《临川集·卷四十九》）

【释义】

怜悯关怀百姓,不占用他们的农时,不侵犯他们的财产,不浪费他们的民力,使他们对穿衣吃饭没有遗憾,有能力生有所养、死有所葬。这是礼义廉耻之所以能保持的原因,也是两位先帝、三位先王教育要求各路诸侯文武百官做到的,后世不能忽视了这些啊。

所谓得天,得民而已

【原文】

严父配天者,以得天为盛,天自民视听者也,所谓得天,得民而已矣。自生民以来,能继父之志,能述父之事而得四海之欢心,以事其父,未有盛于周公者也。

(王安石《临川集·卷六十二》)

【释义】

敬重父亲,祭天时将祖先配祀天帝,以满足天意为最高境界,上天看到听到的都来自百姓,所谓得到天意,其实是得到民意而已。自有人类以来,能够继承父辈之志,能够讲述父辈之事而使得天下所有人高兴的，以此侍奉父辈，没有人超过周公的了。

【导读】

王安石的民本思想，主要表现在以下方面：

一是推行新法保护民众利益。王安石警告说，"君之剥削于民而至于尽，犹人之侵伐林木以致薪蒸者也"，"民之贫，以赋敛之重。赋敛之重，以国用之靡……以不知图国用制之而已"，统治者应该根据从百姓手里获得的财富来开支，根据百姓的能力来收取赋税，如果剥削百姓太甚，就等于自断后路、竭泽而渔。他力举制定的"青苗法"等变法在一定程度上抑制了豪强通过对土地的兼并而对农民的盘剥，以及上等户对普通户的高利贷；"方田均税法"限制了官僚和豪绅地主的隐田漏税行为，保护了农民的利益；"市易法"使将奸商利润中的一部分收归国有，抑止商人对市场的操纵和垄断而侵害普通商民利益；"免役法"一定程度上减轻了农民的赋税负担，减少对农民的剥削。这些政策一定程度上防止了富了国家、饱了私家、穷了百姓的现象。但是作为封建地主阶级代表人物的政治改革家，王安石保护农民阶级利益但并不代表农民阶级利益，他克服困难、排除阻力、励精图治要推行的变法,实际上还是为了维护皇权,巩固中央集权。这是王安石民本思想的本质。

二是通过制定政策来抚恤、救济贫苦农民。由于在扬州、鄞县、舒州等当过地方官吏,对劳动人民的田作之累、劳役之苦有切肤的感受,因王安石的施政决策中,有更多体恤之情,即"均天下之财使百姓无贫"。譬如,他主张"发富民之藏"以救"贫民",从富民们的粮仓中拿出一部分谷米发放给需要救济的人,即"用义仓米施及老、幼、残疾、孤、贫等人"。如果米不足,可能用发放钱款等方式替代,或者用钱购入豆、麦、菽、粟之类的方式。

三是主张统治者要尊重民意。王安石认为国家是由百姓来养着的,"百姓,所以养国家也",是立国之本、立朝之本。他十分推崇孟子的民贵君轻思想,甚至喊出"皇极者,君与臣、民共由之者也""民则天也,民意即天意也""所谓得天,得民而已"等口号,在宋朝君权至上的时期,这种认识是具有进步意义的。王安石不但认识到民意的重要性,还注重在实践中充分体现,在推行多项变法过程,多次向宋神宗提出先征求百姓意见的建议,"当晓喻百姓,无一人异论,然后著为令",具有鲜明的民主色彩。当皇帝对变法处在动摇不定或者朝令夕改状态时,王安石直谏道:"以民为贵,不可不察。"

四是强化对百姓的教化。王安石认为,"教化,本也;刑政,末也",对民众进行教化是治理国家的根本。如何教化呢?他主张用"中、和、祇、庸、孝、友"这六德,"以六德为之本,故雅虽变,犹止乎礼义";礼义,是"经夫妇,成孝敬,厚人伦,美教化,移风俗"之本,是"先王之泽""先王之道",如果礼义不行,再施以行政命令的"政教";如果政教还不管用,再施以"刑政",即法治。

周敦颐(1017—1073年),字茂叔,号濂溪先生。北宋时期道州营道楼田堡(今湖南省道县)人,曾任江南东道南康军刑狱。

周敦颐是儒家理学思想鼻祖,也是宋明道学的开创者,被誉为"道学宗祖"。他"合老庄于儒",将《易传》的"太极"、《中庸》的"诚"、《老子》的"无极",以及五行阴阳学说进行杂糅,形成了融合儒、佛、道等诸家学说为一体的哲学思想。

他一生在江西、湖南、四川、广东等偏远地区做地方官,体恤民情民艰民愿,做了很多实事好事,有人赞他"人品甚高,胸怀洒落,如光风霁月",纪念他的祠堂书院遍布多地。他存留的著作不多,他的治政思想、社会思想、民本思想主要体现在《周元公集》《爱莲说》《太极图》《太极图说》《通书》《养心亭说》《爱莲说》等著作中。

出淤泥而不染

【原文】

予独爱莲之出淤泥而不染,濯清涟而不妖,中通外直,不蔓不枝,香远益清,亭亭净植,可远观而不可亵玩焉。

(周敦颐《爱莲说》)

【释义】

我唯独喜爱莲的出自淤泥却不受污染,经过了清水的洗涤却不妖艳。莲茎中间贯通而挺直,不枝枝蔓蔓,香气远播更加清洌,笔直洁净地挺立在水中央。人们可以远远地欣赏她,却不能轻易地玩弄她啊。

政善民安

【原文】

乐者,本乎政也。政善民安,则天下之心和。故圣人作乐,以宣畅其和心,达于天地,天地之气,感而太和焉。天地和,则万物顺,故神只格,鸟兽驯。

(周敦颐《通书·乐中第十八》)

【释义】

礼乐,立足于政教。国家治理有序百姓安顿,天下百姓的心就安宁和谐。所以圣人制作礼乐,用来宣扬畅达和顺之心,充满于天地之间,万物感应后达到天下最大的和谐。天下和谐,则万物和顺,所以神祇通达,鸟兽驯服。

古　乐

【原文】

古者,圣王制礼法,修教化。三纲正,九畴叙,百姓大和,万物咸若。乃作乐以宣八风之气,以平天下之情。故乐声淡而不伤,和而不淫。入其耳,感其心,莫不淡且和焉。

后世礼法不修,政刑苛紊,纵欲败度,下民困苦。谓古乐不足听也,代变新声,妖淫愁怨,导欲增悲,不能自止。

(周敦颐《通书·乐上》)

【释义】

古代的圣贤皇帝制定礼法,修养教化,端正君臣、父子、夫妻三纲,使九类大法有序,使百姓和谐相处,万物都像这一样。于是制作礼乐来宣扬八方的风气,来平定天下百姓的情绪。所以音乐淡雅而不哀婉,和谐而不淫靡。进入他们的耳朵,感应他们的心灵,无不淡雅而且和谐啊。

后来的君王不修礼法,治理国家乱用刑罚、苛责紊乱,放纵欲望、败坏伦常,底层百姓困苦不堪。所以这些君王说古代音乐不能听,而以新的音乐取代古乐,娇艳淫靡、愁音怨声,反而增添了悲情,不能自制。

仁育万物,义正万民

【原文】

德,爱曰仁,宜曰义,理曰礼,通曰智,守曰信。

圣人在上,以仁育万物,以义正万民。

(周敦颐《通书》)

【释义】

德是由仁义礼智信五方面组成的,热爱就是

仁，适宜就是义，合理就是礼，通达就是智，守诺就是信。

圣人在天，用仁来养育万物，用义来规范百姓。

【导读】

周敦颐的民本思想主要表现在以下方面：

首先，要廉洁为民。中国古代的廉文化历史悠久，《尚书·皋陶谟》即关于廉政的专门论述，《周礼》载考核官吏有"六廉"，即"廉善、廉能、廉敬、廉正、廉法、廉辨"。孟子说："可以取，可以无取，取伤廉。"管子认为"国有四维"，即礼、义、廉、耻。由此可以看出，"廉"是一种政治行为、政治标准。周敦颐崇尚先祖关于廉洁为官从政的古训，在《爱莲说》一文中提炼并构建了一个鲜明的形象，即以莲喻"廉"，标出了"出淤泥而不染，濯清涟而不妖"的做人的高洁志向和做官的道义制高点。

其次，要以诚待民。周敦颐主张立"诚"以修身，以"诚"来为官。在《通书》篇中，周敦颐首先就强调立"诚"，这也是通篇的核心，"诚者，圣人之本"，也是仁义礼智信这"五常"的根本，是一切伦理道德的根本，所有人都应该通过养心而达到无欲的境界。在立"诚"的基础上，周敦颐主张为政者要在官员和大众中推行"公"的思想，要推己及人，以一己之"公"而求天下之"公"。不仅如此，周敦颐还认为，"诚"是"万物资始，诚之源也；乾道变化，各正性命，诚斯立焉"。在这里，周敦颐把"诚"与"乾道"相联系，认为"诚"是与"天也，在其上，清而至阳"的"乾道"密切相关的。什么是"乾道"呢？《乾卦》开章第一句就是"乾，元、亨、利、贞"；那么，乾道包括哪些内容呢？《乾文言》里说："元者，善之长也"，即"元"是一切善的头领；"亨者，嘉之会也"，即"亨"是一切美好的汇合，是"亨通"的结果；"利者，义之和也"，即"利"是仁义、和谐；"贞者，事之干也"，即"贞"是坚固、稳定、不动摇，是万事万物、做人做事的主干。元、亨、利、贞是"君子四德"，因此，周敦颐认为，"元、亨，诚之通；利、贞，诚之复"，"诚"是四通八达、通向未来、不断发展的关键，是回到开始、循环往复、永无止境的要津。周敦颐以"诚"为轴，建立起一个精神价值系统，圣人本乎"诚"，万物始于"诚"，以此调整官吏的价值系统、为政准则，全民的伦理道德水准。

其三，要以仁爱民。作为儒家思想的继承人和发扬者，周敦颐待民以仁，慎用刑罚，但不是不用刑罚，在这一点上，他与传统儒家"道之以德，齐之以礼"的主张有所不同，他长期审案办案，认为刑罚手段不可或缺，"圣人之法天，以政养万民，肃之以刑。民之盛也，欲动情胜，利害相攻，不止则贼灭无伦焉。故得刑以治。"在这里，"政"是指仁政，而"肃之以刑"，则是指可以谨慎地使用刑罚，做到宽严相济。由于案件"情伪微暧，其变千状。苟非中正明达果断者，不能治也"，而为官是"天下之广，主刑者，民之司命也"，但"任用可不慎乎"，即运用刑罚要慎之又慎。周敦颐认为，即使是用刑罚，也还要宽容，"孰无过？焉知其不能改？改则为君子矣！"意即要允许人犯错误，只要能改正，就要让他有机会自己改正错误而最终成为君子。周敦颐的为政主张是倡导人行善从善，"善人多，则朝廷正，而天下治矣"。

其四，要教化于民。周敦颐十分重视教化百姓，行官多地，到处讲学，广施教、而仁爱，重视用礼乐来教化民众。他认为，教化是施行仁政的首要选择，这是政治清正昌明、百姓安居乐业的原因，"古者，圣王制礼法，修教化。"通过教化提高民众素质，淳化社会风气，"三纲正，九畴叙，百姓大和，万物咸若。"如果忽视教化，则"后世礼法不修，政刑苛紊，纵欲败度，下民困苦"。

第四节　明清时期的民本思想

明清两代是我国社会思想的成熟期，涌现了一大批影响至今的思想和思想家，王阳明、黄宗羲、顾炎武、王夫之等，是其中的杰出代表。他们的思想观点中蕴含丰富的民本思想。

王阳明（1472—1529年），名守仁，字伯安，号阳明。浙江余姚人。明代著名的思想家、教育家、政治家、军事家、文学家、书法家，陆王心学之集大成者，精通儒家、道家、佛家学说。历任刑部主事、贵州龙场驿丞、庐陵知县、右佥都御史、南赣巡抚、两广总督等职，晚年官至南京兵部尚书、都察院左都御史。谥文成，后人称其文成公。

王阳明与孔子、孟子、朱熹，并称为孔、孟、朱、王。所谓"阳明学"，就是由王阳明创立、其后学传承光大，合"良知"本体论、"致良知"方法论、

"知行合一"实践论、"亲亲仁民"民本论四位一体的"良知心学"。王阳明被誉为"立德、立行、立言"三不朽的伟大思想家。

王阳明的著作主要包括《王阳明全集》《传习录》《大学问》等中,其中民本思想主要体现在对"致良知"的方法论和"亲亲仁民"的民本论中。

圣人之心

【原文】

夫圣人之心,以天地万物为一体,其视天下之人,无外内远近。凡有血气,皆其昆弟赤子之亲,莫不欲安全而教养之,以遂其万物一体之念。

(王阳明《传习录·答顾东桥书》)[①]

【释义】

圣人之心,与天地万物贯通融汇为一体,他看全天下之人,没有内外远近之分。只要是有血性的人,都是他的兄弟儿女亲人,圣人没有不想让他们有安全感,并且去教育他们、生养他们,以实现圣人宇宙万

[①] (明)王阳明:《王阳明全集》第一卷,中国画报出版社2014年版,第132页。

物一体的心愿。

各勤其业，相生相养

【原文】

　　学校之中，惟以成德为事。而才能之异，或有长于礼乐，长于政教，长于水土播植者，则就其成德，而因使益精其能于学校之中。迨夫举德而任，则使之终身居其职而不易。用之者惟知同心一德，以共安天下之民，视才之称否，而不以崇卑为轻重，劳逸为美恶。效用者亦惟知同心一德，以共安天下之民，苟当其能，则终身处于烦剧而不以为劳，安于卑琐而不以为贱。当是之时，天下之人熙熙皞皞，皆相视如一家之亲。其才质之下者，则安其农、工、商、贾之分，各勤其业，以相生相养，而无有乎希高慕外之心。其才能之异，若皋、夔、稷、契者，则出而各效其能。若一家之务，或营其衣食，或通其有无，或备其器用，集谋并力，以求遂其仰事育之愿，惟恐当其事者之或怠而重己之累也。

　　　　　　　　（王阳明《传习录·答顾东桥书》）①

---

①　（明）王阳明：《王阳明全集》第一卷，中国画报出版社2014年版，第132页。

【释义】

在学校里，唯有养成德行是最要紧的事。人的才能各异，有的擅长礼乐，有的擅长政教，有的擅长治理水土和播种，这就需要依据他们的擅长来成就他们的德行，使他们在学校学得的技能更精，等到他们的德行达到标准后让他们任职，而且让他们终身在这个职位上不变动。使用他们的人只需要知道他们同心同德，使天下民众安居乐业，看他们的才干是否称职，而不凭地位的尊卑来分重轻，不凭职业的劳闲来分好坏。被任用的人也只需要同心同德，使天下的百姓安居乐业，如果自己的才能堪当此任，即便终身从事繁重的工作也不以此为劳苦，安于从事琐碎的工作而不认为低贱。那个时候，天下之人来来往往高高兴兴，大家都亲如一家。其中资质较低的人，就安心从事农民、工匠、商贩、经营的职业，各自工作勤奋，相互供养，没有好高骛外的念头。才能卓著的人，有像皋陶、夔、后稷、契等贤臣一样的才能，就让他们各自发挥自己的才能。国家的事像一个家庭的事务一样，有的人经营衣食，有的人从事流通，有的制造器物，大家团结谋划出力，以实现赡养父母、养育子女的愿望，深恐自己在做事时有所怠慢，因而特别看重自己的责任。

致良知

【原文】

夫人者,天地之心。天地万物本吾一体者也。生民之困苦荼毒,孰非疾痛之切于吾身者乎?不知吾身之疾痛,无是非之心者也。是非之心,不虑而知,不学而能,所谓良知也。良知之在人心,无间于圣愚,天下古今之所同也。

尧、舜、三王之圣,言而民莫不信者,致其良知而言之也。行而民莫不说者,致其良知而行之也。

(王阳明《传习录·答聂文蔚(一)》)①

【释义】

人,是天地之心。天地万物与我原本是一体。百姓生活的困苦荼毒,哪一件不是自己的切肤之痛呢?不知道自身的疼痛,是没有是非之心的人。是非之心,无须考虑就能知道,无须学习就能具备,这就是所谓的"良知"。良知存在于人心,没有圣贤和愚笨

---

① (明)王阳明:《王阳明全集》第一卷,中国画报出版社2014年版,第156页。

的区别，古今天下道理是一样的。

尧、舜、汤、文、武等圣人，他们说的话百姓没有不相信的，这是因为他们凭着良知在说话。他们做的事百姓没有不高兴的，这是因为他们凭着良知在做事。

【导读】

王阳明的民本思想，主要体现在以下几个方面：

一是"致良知"构成"亲民"思想的特质。王阳明良知思想在现实政治中得到运用，他的亲民思想是其良知之学的重要组成部分。在《传习录》中，王阳明对程朱理学家关于《大学》首句"在亲民"的解释提出了不同见解，他认为，"'亲民'犹孟子'亲亲仁民'之谓，亲之即仁之也。……以'亲九族'至'平章、协和'，便是'亲民'……又如孔子言'修己以安百姓'，'修己'便是'明明德'；'安百姓'便是'亲民'。"① 在这里，王阳明对"亲民"的理解是爱民、教民、养民、保民、富民，它的核心是"仁"，以民之好恶为好恶，远远比朱子注释的"自新"要丰富得

---

① （明）王阳明：《致良知》，北京知行合一阳明教育研究院编注，人民东方出版传媒、东方出版社2015年版，第216页。

多。王阳明主张"明德""亲民"是为政之道,"君子贤其贤而亲其亲""如保赤子",意即,要像君子尊贤爱亲那样爱护百姓,像父母保护婴儿那样爱护百姓。这是对孔孟"仁政""爱民"等民本思想的继承和丰富,是王阳明良知学说的"民本"特质。

二是构建"万物一体"的理想社会。作为政治家的王阳明热衷于建设的"以天地万物为一体"理想社会,也是一个"天下之人无内外远近"的人类命运共同体,这一伟大设想是对早期"天下大同"思想的继承和发展。在这个理想世界里,人与人是"皆昆弟赤子之亲"的平等关系,成员中无论是擅长"礼乐""政教""水土播植"者,还是农民、工匠、商贩,各自分工有序,各守其职,各尽其责,相生相养,各效其能、各明其德、各精益其能,有德之人德之,有能之人能之,一个和谐安宁的人类社会。

三是勇于民生制度改革。比如,王阳明致力于乡村治理制度改革,探索改变"社区组织结构",把乡里体制、保甲制度、乡规民约相结合,构建一个集政治、经济、军事、教育等功能于一体的管理社区,这种体制和机制相对比较完备,具有民本思想和人本思想,体现了儒家仁政思想、"万物一体"理想社会、封建专制统治的结合,目的是为了更好地维护明朝的专制统治和社会的长治久安。正德五年(1510年)三月,王阳明就任庐陵知县,他以民为本,推行德政,冒着被罢官的风险蠲免苛捐杂税;他"为政不事威刑,惟以开导人心为本""敦行孝道,以儒家道德人文精神教化民众,使境内民风归于醇厚",这些政策和措施符合民生实际,也进一步丰富了他的民本思想。他多次奏请朝廷在经济落后的福建漳州府河头地区、江西赣南横水、桶冈地区、广东浰头地区分别设立平和、崇义、和平三县,以安定民生,"变盗贼强梁之区为礼义冠裳之地,久安长治无出于此。"针对明朝中央政权的"改土归流"政策引发少数民族骚乱的问题,提出"特设流官知府以制土官之势""仍立土官知州以顺土夷之情""分设土官巡检以散各夷之党"以及释放土目家属、开办学校、委派教官等建言,顺应了"夷情",有利于少数民族地区的长治久安。

四是勇于"知行合一"的民本实践。王阳明文治武功皆有造化,取得令人称叹的显著业绩。他的弟子兼好友黄绾在上奏皇帝为王阳明辩护的奏疏中,列举了王阳明的四大战功:一是平定宁王朱宸濠的叛乱,二是平定湖南、广东、福建、江西四省交界处的匪盗,三是平定广西思恩、田州的少数民族土司的反叛,四是平定广西八寨、断藤峡的瑶族土司作乱。从王阳明年谱来看,多有平寇、班师、平诸寇、破伏兵、献俘、教战法等记载。在平定宁王叛乱胜利之际,遇到想争抢平乱之功的太监同僚要求比试箭法的挑衅,以为王阳明不能、不敢,没想到王阳明"三发三中",令他们骇然。1517年,王阳明至赣州、经万安,沿途到处是劫匪,商船都不敢走,他把散落的商船组织起来,列阵中战船,"扬旗鸣鼓,若趋战者",而且亲自手谕贼首"毋作非为,自取戮灭",坚定的意志、强大的声势,震慑强梁,"贼皆散归"。1519年6月,南昌宁王朱宸濠反叛,传播伪命,优免租税,民心动摇。王阳明奉命迅速平定叛乱,安抚民心,稳定了社会。

王阳明最精彩的武功展示,是1517年的乐昌、龙川剿匪。用兵前夕,王阳明发布《告谕浰头巢贼》,告谕写道,"莅任之始,即闻尔等积年流劫乡村,杀害良善,民之被害来告者,月无虚日""况闻尔等亦多大家子弟,其间固有识达事势,颇知义理者""是亦近于不教而杀,异日吾终有憾于心""夫人情之所共耻者,莫过于身被为盗贼之名;人心之所共愤者,莫甚于身遭劫掠之苦。今使有人骂尔等为盗,尔必怫然而怒。尔等岂可心恶其名而身蹈其实?又使有人焚尔室庐,劫尔财货,掠尔妻女,尔必怀恨切骨,宁死必报""岂知我上人之心,无故杀一鸡犬,尚且不忍;况于人命关天,若轻易杀之,冥冥之中,断有还报,殃祸及于子孙,何苦而必欲为此。我每为尔等思念及此,辄至于终夜不能安寝,亦无非欲为尔等寻一生路""尔等今虽从恶,其始同是朝廷赤子;譬如一父母同生十子,八人为善,二人背逆,要害八人;父母之心须除去二人,然后八人得以安生;均之为子,父母之心何故必欲偏杀二子,不得已也;吾于尔等,亦正如此。若此二子者一旦悔恶迁善,号泣投诚,为父母者亦必哀悯而收之。何者?不忍杀其子者,乃父母之本心也;今得遂其本心,何喜何幸如之;吾于尔等,亦正如此""闻尔等辛苦为贼,所得苦亦不多,其间尚有衣食不充者。何不以尔为贼之勤苦精力,而用之于耕农,运之于商贾,可以坐致饶富而安享逸乐,放心纵意,游观城市之中,优游田野之内。岂如今日,担惊受怕,出则畏官避仇,入则防诛惧剿,潜形遁迹,忧苦终身;卒之身灭家破,妻子戮辱,亦有何好?尔等好自思量,若能听吾言改行从善,吾即视尔为良民,抚尔如赤子,更不追咎尔等既往之罪""吾今特遣人抚谕尔等,赐尔等牛酒银两布匹,与尔妻子,其余人多不能通及,各与晓谕一道。尔等好自为谋,吾言已无不尽,吾心已无不尽。如此而尔等不听,非我负尔,乃尔负我,我则可以无憾矣。呜呼!民吾同胞,尔等皆吾赤子,吾终不能抚恤尔等而至于杀尔,痛哉痛哉!兴言至此,不觉泪下。"这是一篇值得反复回味的文章,是王阳明心学"致良知""亲民"等思想的一次集中阐发,既表达自己剿匪的正义性,为保护民生,同时又视寇为民,平视洞贼,极尽攻心瓦解之力。这既是一篇极具战斗力的剿匪檄文,又是一篇极具杀伤力的劝降书,先礼后兵,柔中带硬,正义彰显,决心如山,攻心之术极其高明,既展示了王阳明的斐然文采,又显示了他的武功震慑之力。

五是真正关心百姓疾苦。王阳明说:"民之所好好之,民之所恶恶之,此之谓民之父母。"自己是民之父母,而被统治者是君之子民,必须坚持"君以民为本""官以民为本"。1520年(正德十五年庚辰三月),王阳明平定朱宸濠叛乱后,江西境内先遇大水,后逢大旱,禾苗枯死,百姓饥荒,流离失所,王阳明目睹此景,忧心忡忡,上书朝廷《乞宽免税粮急救民困以弭灾变疏》,写道:"百姓戍守锋镝之余,未及息肩弛担,又复救死扶伤,呻吟奔走,以给厮养一应诛求;妻孥鬻于草料,骨髓竭于征输。当是之时,鸟惊鱼散,贫民老弱流离弃委沟壑,狡健者逃窜山泽,群聚为盗。独遗其稍有家业与良善守死者十之二三,又皆颠顿号呼于梃刃捶挞之下。郡县官吏,咸赴省城与兵马住屯之所奔命听役,不复得亲民事。上下汹汹,如驾漏船于风涛颠沛之中,惟惧覆溺之不暇,岂遑复顾其他,为日后之虑,忧及税赋之不免,征科之未完乎?"真实地向朝廷报告了民生之苦,痛心疾首地说:"臣等上不能会计征敛以足国用,下不能建谋设策以济民穷,徒痛哭流涕",表达了他对民间疾苦的痛楚。

黄宗羲(1610—1695年),汉族,浙江余姚人。字太冲,别号梨洲老人。明末清初经学家、史学家、思想家、地理学家、天文历算学家、教育家。"东林七君子"黄尊素之长子。

黄宗羲思想博大精深,著述甚丰,留下50余种、300多卷著作,其中最有代表性的是《明夷待访录》,被称为具有反帝制意义的光辉著作。《明夷待访录》

有《原君》《原臣》《原法》《置相》《学校》《取士上》《取士下》《建都》《方镇》《田制一》《田制二》《田制三》《兵制一》《兵制二》《兵制三》《财计一》《财计二》《财计三》《胥吏》《奄宦上》《奄宦下》，共21篇。黄宗羲还有《明儒学案》《宋元学案》《孟子师说》等著述。黄宗羲的民本思想蕴藏在这些文章中，观点十分鲜明，具有比较完整的主张和结构。他与顾炎武、王夫之并称"明末清初三大思想家"。

【原文】

古者以天下为主，君为客，凡君之所毕世而经营者，为天下也。今也以君为主，天下为客，凡天下之无地而得安宁者，为君也。是以其未得之也，屠毒天下之肝脑，离散天下之子女，以博我一人之产业，曾不惨然，曰："我固为子孙创业也。"其既得之也，敲剥天下之骨髓，离散天下之子女，以奉我一人之淫乐，视为当然，曰："此我产业之花息也。"然则为天下之大害者，君而已矣！

(《明夷待访录·原君》)[1]

---

[1] （明）黄宗羲：《明夷待访录》，段志强译注，中华书局2011年版，第8页。

【释义】

　　古时候以天下为本位,而将君王视为附属,大凡君王毕生所经营的,都是为了天下。而现在是以君王为本位,视天下为附属,但凡是天下没有一处能够得到安宁的,原因都在于君王啊。因而在他没有得到天下的时候,杀戮使天下人肝脑涂地,使天下人子女离散,为的是增加自己一个人的产业,心中并不感到悲伤,还说:"我本来就是为子孙创业啊。"在已得天下后,就敲诈剥夺天下人的骨髓,离散天下人的子女,以供自己一个人的荒淫享乐,还把这视作理所当然,说:"这些都是我产业的利息。"如果是这样,作为天下最大的祸害,只是君王而已!

【原文】

　　盖天下之治乱,不在一姓之兴亡,而在万民之忧乐。是故桀、纣之亡,乃所以为治也;秦政、蒙古之兴,乃所以为乱也;晋、宋、齐、梁之兴亡,无与于治乱者也。为臣者轻视斯民之水火,即能辅君而兴,从君而亡,其于臣道固未尝不背也。

(《明夷待访录·原臣》)①

---

① (明)黄宗羲:《明夷待访录》,段志强译注,中华书局2011年版,第16页。

【释义】

天下的安定与混乱,不在于某个君王家族的兴亡,而在于天下民众的忧愁与安乐。所以夏桀、商纣的灭亡,是天下走向安定的开始;秦朝、元朝的兴起,是天下走向混乱的开始;而晋、宋、齐、梁这些国家的兴亡,对天下兴亡治乱没有影响。做臣子的如果不重视天下万民水深火热的生活,即使能辅佐君王兴起,又能跟随君王而死,也是对为臣之道的背离。

【原文】

古者井田养民,其田皆上之田也。自秦而后,民所自有之田也。上既不能养民,使民自养,又从而赋之,虽三十而税,较之于古亦未尝为轻也。

(黄宗羲《明夷待访录·田制》)①

【释义】

古时候实行井田制来养育百姓,土地属于国家。而秦以来,土地为民私人所有。国家养育不了民众,让百姓自己养活自己,还要征税,虽然是三十税一,

---

① (明)黄宗羲:《明夷待访录》,段志强译注,中华书局2011年版,第93页。

与古时候相比也不轻啊。

【导读】

黄宗羲的民本思想,主要表现在以下方面。

一是大胆地提出"君为民害"及"民主君客"的民本思想。黄宗羲提出"为天下之大害者君而已矣",即"君害论"的观点,批评"家天下"的专制君主制度,认为君主应该担当起"使天下受其利""使天下释其害",抑私利、兴公利的责任,"古者以天下为主,君为客,凡君之毕世而经营者,为天下也",君王是天下人的公仆,但是后世的君王却"以为天下利害之权益出于我,我以天下之利尽归于己,以天下之害尽归于人",并且更"使天下之人不敢自私,不敢自利,以我之大私,为天下之大公","视天下为莫大之产业,传之子孙,受享无穷"。黄宗羲的这一思想,是对君主专制"家天下"行为合法性的根本否定。他进而指出:"天下之治乱,不在一姓之兴亡,而在万民之忧乐",主张以"天下之法"取代皇帝的"一家之法",从而限制君权,保证人民的基本权利。

黄宗羲提出,"君与臣,共曳木之人也",君王与臣子都是治天下之人,君治天下,官治天下,是职位不同而已,本质是一样的,"臣之与君,名异而实同"。因此,君王就应该尽心尽责,兴利除害。而为臣者,应该与君王是师友、同事关系,不是君王的奴仆,"我之出而仕也,为天下,非为君也;为万民,非为一姓也。"不能"视天下人民为人君囊中之私物",而置"斯民之水火"于不顾。黄宗羲的君臣观是对"君为臣纲""君要臣死,臣不得不死"的封建纲常大胆的否定。

黄宗羲的君民观、君臣观抨击了封建君主专制制度,体现了以民为本的思想,对后世的反专制斗争有一定的积极意义,具有民主启蒙思想的价值。

二是提出税费改革等多项利民的经济思想,力举真正减轻农民的负担。古代历史上税费改革不止一次,每一次改革后农民负担确实能减轻,但又总是在一个时期后恢复到比改革前更重的负担,黄宗羲称之为"积累莫返之害",后世将其称为"黄宗羲定律"。黄宗羲说:"吾见天下之田赋日增,而后之为民者日困于前",其原因是田赋太重,有些农民把田亩一年的收入都交税费了还不够,即"尽输于官,然且不足"。细析其原因,黄宗羲甚至提出,"所税非所出之害",举例说,田赋征银,但银并非农业产品,因而容易导致纳税者因为需要折算成银两而加重负担，在这个过程中又被层层盘剥。所以他主张以实物形式缴纳赋税，即"出百谷者赋百谷，出桑麻者赋布帛，以至杂物皆赋其所出"，这样以直接以实物方式缴税可以减少被剥削。他反映百姓的心声，提出"废金银"而"通钱钞"的币制改革，提倡使用"宝钞"，但同时以金银作为宝钞的基金，这种思想有利于促进商贸流通和发展。再例如，黄宗羲认为土地应收归国家所有，再平均分配给农民耕种，而且"田土无等第之害"——即所有田地不分肥瘠程度统统按一个标准征税不合理，造成土地贫瘠者负担过重。他提出"工商皆本"的思想，要"重定天下之赋"，定税的标准是"以下下为则"，重新丈量土地，按土质肥瘠把土地分为五等，根据等级来征税，减少不公平。他还呼吁减轻百姓的军费负担，实行征兵制度，反对募兵制。

三是主张政治改革，呼吁还政于藩、还权于民。黄宗羲认为，中国政治的"有乱无治"是秦制的中央集权和"废封建"造成的，因而主张"托古改制"，效法古代"封邦建国"的诸侯自治制度，或者效仿唐置"方镇"以屏藩中央的制度。这是一种制衡中央集权、扩大地方自治的政治改革设想。同时，黄宗羲主张废除秦汉以来的"非法之法",以得天下太平;主张废除专制的君本制度,改为民本制度。他认为夏商周三代以后君王的治国之法是君王、皇帝的"一家之法",而不是"天下之法",主张用"天下之法"取代"一家之法",并提出了"有治法而后有治人"的思想命题。这些思想主张,已经明确地包含了天下是民之天下、由民共治,以天下之公法治天下的民治思想、法治思想。黄宗羲的这些朴素的民主思想无疑是有进步性的。

四是推动对民众进行教育,并改进教育模式,增强学校影响政治的能力。黄宗羲反对君权独裁,主张"学校议政",赋予学校以政治功能。在他的思想中,学校既要承担教化民众、启迪民智的作用,承担文化学术研究和管理的职能,还要有参政议政的能力和权力。黄宗羲重视对民众百姓的教化,在《原法》篇中说:"知天下之不可无教也,为之学校以兴之"①,在《学校》篇中要求学校起到"盖使朝廷之上,闾阎之细,渐摩濡染,莫不有诗书宽大之气",无论朝野君臣民,都要受到诗书知识的教化濡染,养成书卷之

---

① (明)黄宗羲:《明夷待访录》,段志强译注,中华书局2011年版,第21页。

气、宽厚之气。他不但重视学校的教化功能，还赋予学校以政治功能，指导政治、引导舆论，是评判对错、得失、是非的机构，"天子之所是未必是，天子之所非未必非"，要"公其非是于学校"，即学校是一个权力甚至高于朝廷的道德高地、政治高地。在《学校》篇中提出"学校，所以养士也""必使治天下之具皆出于学校"，指出学校是一个培养士人官吏、出台治国理政思想的机构。黄宗羲对八股文章流弊进行了批评，主张恢复过去"墨义古法"，让参加经义考试的考生全部写出经文的注疏、大全和汉唐诸儒的解释等，并提出自己的见解，不必遵循某位先儒的一家之言。对科举制度提出了改革原则，主张"宽于取而严于用"的原则，推行"科举之法""荐举之法""太学之法""任子之法""郡县佐之法""辟召之法""绝学""上书"等不拘一格选人才的"取士八法"。

顾炎武（1613—1682年），汉族，明朝南直隶苏州府昆山（今江苏省昆山市）人，明末清初思想家、经学家、史地学家、音韵学家，别名继坤、圭年，字忠清、宁人。在苏州、昆山等地进行抗清斗争，晚年定居于华山脚下，致力于治学，至死不仕于清。

顾炎武学问渊博精深，在国家典制、郡邑掌故、天文仪象、河漕、兵农及经史百家、音韵训诂学等方面，均有研究与著述。晚年治经重考证，开创清代朴学风气，被称为清学"开山始祖"。与黄宗羲、王夫之并称为"明末清初三大儒"。

他的主要作品有《日知录》《天下郡国利病书》《肇域志》《音学五书》《韵补正》《古音表》《诗本音》《唐韵正》《音论》《金石文字记》《亭林诗文集》等。其中《日知录》是其代表作，阐明了"明学术、正人心、拨乱世、以兴太平之事"的思想。顾炎武的民本思想蕴含在这些著述中。

不患贫，而患不均

【原文】

民之所以不安，以其有贫有富。贫者至于不能自存，而富者常恐人之有求，而多为吝啬之计，于是乎有争心矣。夫子有言："不患贫，而患不均。"

（《日知录·庶民安故财用足》）[1]

---

[1] 顾炎武：《日知录》，严文儒、戴扬本校点，上海古籍出版社2012年版，第283页。

【释义】

民众之所以感到不安定,是因为存在贫富差距。穷困者担心自己不能生存,而富裕者经常担心有人相求,因而有很多吝啬的办法,这就有了争执之心。孔子说:"不怕穷,而怕分配不均。"

孝弟为仁之本

【原文】

尧舜之道,孝弟而已矣。是故"克明俊德,以亲九族;九族既睦,平章百姓;百姓昭明,协和万邦。黎民于变时雍"。此之谓"孝弟为仁之本"。

(《日知录·孝弟为仁之本》)[①]

【释义】

尧舜治国之道,不过是尊崇孝悌罢了。所以他们"发扬大德,使家族亲密和睦;家族和睦以后,又明辨百官的政事;百官的政事明辨了,又协调万邦诸侯和睦。天下民众也互相传递友好而变得和睦起来"。

[①] 顾炎武:《日知录》,严文儒、戴扬本校点,上海古籍出版社2012年版,第301页。

治天下之具

【原文】

先王治天下之具,五典、五礼、五服、五刑,其出乎身,加乎民者,莫不本之于心,以为之裁制。

(《日知录·行吾敬故谓之内也》)[1]

【释义】

先王治国理政的手段是,一是少昊、颛顼、高辛、唐、虞之书等五典,二是吉、凶、宾、军、嘉等五礼,三是甸服、侯服、宾服、要服、荒服等五服,四是甲兵、斧钺、刀锯、钻笮、鞭扑等五刑,这些手段从自己身上出来,加在百姓身上,没有不建立在心上,作为管理的制度的。

百姓不足,君孰与足

【原文】

自古以来,有民穷财尽,而人主独拥多藏于上者乎?此无他,不知钱币之本为上下通共之财,而以为

---

[1] 顾炎武:《日知录》,严文儒、戴扬本校点,上海古籍出版社 2012 年版,第 330 页。

一家之物也。《诗》曰:"不吊昊天,不宜空我师。"有子曰:"百姓不足,君孰与足?"古人其知之矣。

(《日知录·财用》)①

【释义】

自古以来,有民众贫穷至极,而君主却独自拥有并藏匿起来的吗?这没有别的,是他不懂得钱币本来就是供上下君民流通共有的财物,却以为是自己一家之物啊。《诗经》说:"皇天实在太不良善,不该断绝人民的生机。"有人曰:"老百姓自己都不够,谁能给足君王呢?"古人都知道这个道理啊。

匹夫有责

【原文】

有亡国,有亡天下,亡国与亡天下奚辨?曰:易姓改号谓之亡国。仁义充塞,而至于率兽食人,人将相食,谓之亡天下。魏晋人之清谈,何以亡天下?是孟子所谓杨、墨之言,至于使天下无父无君,而入于禽兽者也。

---

① 顾炎武:《日知录》,严文儒、戴扬本校点,上海古籍出版社2012年版,第492页。

是故知保天下，然后知保其国。保国者，其君其臣，肉食者谋之；保天下者，匹夫之贱与有责焉耳矣。

(《日知录·正始》)[1]

【释义】

有亡国一说，有亡天下一说，亡国与亡天下怎么分辨呢？答曰：易姓氏、改国号就是亡国。仁义被堵塞，因而导致让野兽吃人，而且人也将相互吃，这就是亡天下。魏晋时候的人崇尚清谈，怎么亡的天下？正是孟子所说的杨朱、墨子之言，导致天下民众无父无君，因而与禽兽一样啊。

所以知道先保天下，然后知道保卫国家。保卫国家的，其君其臣等肉食者去谋划；保天下者，即使是有匹夫之低贱也有责任啊。

【导读】

顾炎武的民本思想，主要表现在以下方面。

一是致力民生，构建一个以民众为中心的社会理

---

[1] 顾炎武：《日知录》，严文儒、戴扬本校点，上海古籍出版社2012年版，第527页。

想模式。顾炎武尊重人的自私自为欲望,认为社会个体的自私有一定的合理性,他在《日知录·郡县论》中说,"天下之人,各怀其家,各私其子,是常情也。为天子,为百姓之心,必不如其自为",而且认为在夏商周三代就已经是如此了,他得出结论说:"用天下之私,以成一人之公,而天下治。"如果不顾及百姓的"一己之私",就没有"天下之公"。顾炎武进而认为,应该尊重和明确百姓的财产私有权、物产归属权,以减少人与人之间的纷争,促进社会的和谐。但同时,顾炎武明确反对为满足私欲、追逐私利而不择手段的行为,尤其反对各级官吏"读孔孟之书,而进管商之术",利用职权贪污贿赂,放纵私欲,导致民利受损,礼义沦丧。他在《亭林文集》中设计的社会理想模式是"土地开,田野治,树木蕃,沟洫修,城郭固,仓廪实,学校兴,盗贼屏,戎器完,而其大者人民乐业而已",实际上是一个既尊重天下之私又成天下之公的社会,具有一定的进步性。顾炎武崇尚务实,提倡"经世致用",主张立足现实社会和民众需求,解决百姓的实际问题,医治社会顽疾。针对当时社会实行"国家之赋不用粟而用银"的政策,他认为农民是"田野之氓,不为商贾,不为官,不为盗贼",

根本就没有银两，只能以粮交税，赋税征银的政策逼得农民以粮换银，受尽官吏欺诈和奸商盘剥，收不敷出，民不聊生，因此他主张在商贸发达的通都大邑可以征银，而在广大农村地区则实行以粮征税的方案。针对贫富差距拉大的现实和阶级矛盾，顾炎武想出一个折中调和的办法，即让富者少剥削一些，让利于穷者，通过国家规定私人土地的最高租额，维持贫富之间的平衡。

二是重视民德，主张用儒家的核心价值观教化民众规范社会。顾炎武说："论世而不考其风俗，无以明人主之功"，但他对现世风俗不满意："目击世趋，方知治乱之关，必在人心风俗"，而"风俗衰"是乱之源。那么如何才能正风俗、振人心呢？顾炎武不喜宋明理学空谈心性仁义，而是经世致用地把孔孟关于礼仁、廉耻、孝悌、礼法等理念用来教化人心、规范社会。他在《日知录·廉耻》篇中引用冯道的话说："礼义廉耻，国之四维，四维不张，国乃灭亡""廉耻，立人之大节；盖不廉则无所不取，不耻则无所不为。"所以顾炎武又引用罗仲素的话说："教化者，朝廷之先务；廉耻者，士人之美节；风俗者，天下之大事。朝廷有教化，则士人有廉耻；士人有廉耻，则天下有风俗。"他不仅重视对民众的教化,更重视对官吏的廉耻教育,认为士大夫们的无耻是国耻,是世衰道微、亡国亡天下的根源。除了重视廉耻教育,顾炎武还重视用"孝悌"观念调整社会关系,他说:"尧舜之道,孝悌而已矣""孝悌为仁之本",强调不仅用孝悌之心协调家庭成员的关系,还可使天下百姓和睦相处。顾炎武还认为,"法制废弛,而上之令不能行于下,未有不亡者也",但在教化过程中,礼法固然有作用,却不能过度依赖,"天下之事,固非法之所能防也",如果法制过于繁杂,就容易被巧猾之徒以法谋利,即使有贤德之人,也不能发挥自己的作用,会导致国事的式微。他更多地看到的是法制的危害性。

三是主张民富,批评"财聚于上",呼吁天下共享财富。顾炎武说,自古以来,就有民穷而财尽之说,民众如果都穷困潦倒了,国家、君王就不可能富裕;他进而批评说,那些自己一家独霸财富的君王,是不懂钱币是君民上下共同享有、互通有无的财富,民众百姓都没有钱了,谁来养活你呢?顾炎武指出:"民之所以不安,经其有贫有富,贫者至于不能自存,而富者常恐人之有求而多为吝啬之计,于是乎有争心矣",让富裕者少赚一些,让贫穷者富起来,这是顾炎武提出的方案,他引用管子的话说:"与天下同利者,天下持之;擅天下之利者,天下谋之。"因此主张要积累社会财富,使民众财多富足,藏富于民,让百姓自享其富,自爱其产,才能达到"人民乐业""百姓遂安"的景象。

四是强调民责,认为"保天下者,匹夫之贱与有责焉耳矣"。顾炎武经世致用的思想在现实生活中表现为"明道救世",如何救世?他认为明亡的主要原因是君权专制过强而王室宗族势力羸弱,天下道德沦丧而君民权责不清,因此大胆怀疑君权、抨击专制、批判君王,提出君王并不是至高无上的,天子与其他官员、臣民一样,都是国家管理机构的一个职位,只是职责不同而已;倡导君、臣、民对保天下的责权平等,都有为国家服务的义务,而民则是天下的主体。他把"亡国"与"亡天下"、"保国"与"保天下"区分开来,提出先"知保天下,然后知保其国。保国者,其君其臣肉食者谋之;保天下者,匹夫之贱与有责焉耳矣",梁启超将其概括为"天下兴亡,匹夫有责"。在顾炎武看来,"亡国"是指一个家族宗族姓氏的兴亡和朝代的更替,而"亡天下"是指天下国民整体道德的沦丧、风俗的败坏，"天下"不兴，国家必亡，因而用传统伦理道德观念"保天下"，是全体国民共同的责任。

王夫之（1619—1692年），字而农，号姜斋，汉族，衡州府（今湖南衡阳市）人。明代著名的思想家、哲学家、史学家、文学家、美学家，中国朴素唯物主义思想的集大成者、启蒙主义思想的先导者。与黄宗羲、顾炎武并称为明末清初的三大思想家。因随燕王朱棣"靖难"南下，以功授衡州卫指挥佥事，世袭武职。后参与了南明永历政权的抗清活动后，晚年隐居在湖南的石船山麓著书立说，故后人称他为船山先生。

王夫之一生著述甚丰，《读通鉴论》《宋论》为代表作。后人编《船山全书》。在经学、子学、史学、文学、政法、伦理等方面造诣精深，兼通天文、历数、医理、兵法乃至卜筮、星象等。

王夫之主张经世致用的思想，他的民本思想继承和发扬了孟子的儒家民本思想，并有自己的创新观点。

【原文】

天无特立之体,即其神化以为体;民之视听明威,皆天之神也。故民心之大同者,理在是,天即在是,而吉凶应之。若民私心之恩怨,则祁寒暑风雨之怨咨,徇耳目之利害以与天相忤,理所不在,君子勿恤。故流放窜殛,不避其怨而逢其欲,己私不可徇,民之私亦不可徇也。

(王夫之《张子正蒙》)

【释文】

上天没有特定的形体,但它神化成为各种形体;民众所看到听到的圣明之威权,都是上天的神灵啊。所以民心所向的方向,理在那里,上天也在那里,而吉相、凶相也会感应它们。如果民众有私心的恩怨,会遭遇冷热风雨般的埋怨,放纵了耳目之利害关系而与天意相反,道不在这里,君子也不用同情。所以流放和杀戮有罪之人,不能为避免其怨恨而满足其欲望,自己的私欲不可放纵,民众的私欲也不能放纵啊。

廉以洁己,慈以爱民

【原文】

夫为政者,廉以洁己,慈以爱民,尽其在己者而已。

(王夫之《读通鉴论·隋文帝》)

【释义】

掌权的人,要廉洁律己,对民慈爱,竭尽自己所能啊。

民情深知而慎用

【原文】

民之情伪不可不深知而慎用矣。

(王夫之《尚书引义·泰誓中》)

【释义】

民情中的虚假成分不能不深入了解而且谨慎处理啊。

不忘天,不忘民,不忘君

【原文】

君依民以立国,民依天以有生。忘天,则于民不忘,而民暗受其戕贼矣。忘民,则于君不忘,而君必受其灾害矣。

(《尚书引义·甘誓》)

【释义】

君王依靠民众而立国,民众依靠上天而能生存。忘天而谈民,民众却暗受伤害。忘民而谈君,君王必定受到祸害啊。

【导读】

王夫之的民本思想,主要表现在以下方面:

一是王夫之的民本思想具有反专制的意义。

王夫之政治思想的核心是"以民为基",对传统儒家的民本思想进行继承与发挥,对中国封建专制制度进行了批判。他主张"公天下"的思想,反对将一姓之兴亡置于万姓之生死之上,认为"天下者,非一姓之私也,兴亡之修短有恒数,苟易姓而无原野流血之惨,则轻授他人而民不病"。他认为"君依民以立国,民依天以有生",创造性地发挥孟子"民贵君轻"的民本思想,提出"社稷不存以能保民者为重",这是王夫之引用史事对孟子"民贵君轻"说的具体阐释,他阐明"一姓之私"与"天下之公"的关系,提出"不以天下私一人""一姓之兴亡,私也。而民之生死,公也""以天下论者,必循天下之公。天下非夷狄盗逆之所可尸,而抑非一姓之私也。"这是对传统"家天下"观念的深刻反省,对封建社会的专制政治制度的严肃批评。王夫之在《搔首问》中分析说,自秦汉以来更换宰相次数最多的是唐高宗、唐昭宗、明崇祯三位皇帝,而这三人恰恰都是亡国之君。王夫之认为:"宰相无权,则天下无纲,天下无纲而不乱者,未之或有",并设想了一个以君主、宰相、谏官三方力量相互制衡的机制,避免一方力量过大而形成政治弊端,他甚至提出君主要"虚静以统天下",这是一种虚化君主权力的政治制度设计,因而具有反封建专制的批判性和进步性。王夫之主张要"敬德保民""修己安人",即君王要把民众的权利置于政权的稳定与否之上,这是对绝对君主专制政体的批评,被后世称为"纯是兴民权之微旨",具有"裁抑专制"

的意义，对打击封建专制统治思想有着积极意义。

二是王夫之的民本思想具有人道主义精神。

王夫之认为"无其器则无其道"，这个"道"就是历史的发展规律，没有子就无父道，没有弟就无兄道，没有祭祀用的三牲和酒等"器"的存在，就没有儒家的礼乐之道。"道者"，一定之理也；"理"是必然之规律性；历史发展的"势"中一定有"理"的存在，"势之顺者，即理所当然者也"。他推导出"道器合一""理势合一"的历史发展观，提出圣人之道、君子之道都在于掌握规律，"道"得则谓之"德"，以德治理国家、管理民众。提出"宽以养民，严以治吏""以民为基"的政治主张，对皇帝和各级官吏都提出了要求，强调"养民"当以宽为主。在刑罚上要重德教、轻刑罚，反对酷刑、肉刑等非人道法律，认为那些主张严刑峻法的并不是"恶恶之甚"，而是要"欲快其怒"，以满足自己的阴暗心理；在经济上"养民"，即是推行"保民""惠民"的民生政策。

三是王夫之的民本思想含有均平主义成分。

王夫之提出"均天下"的均平思想，"不以天下私一人"的反专制思想和"宽以养民，严以治吏"的政治主张。譬如，关于农民的土地问题，王夫之提出:"聚者有余,有余者,不均也。聚以之于彼,则此不足,不足者,不均也……故平天下者,均天下而已!""均天下"就是要通过解决土地高度集中问题,解决聚者有余而贫者不足的矛盾,缩小贫富差距。王夫之认为,土地不是君主的私有财产,而是天下人共有的财产,人人应该平均占有。王夫之认为,要想"宽民",必先"严吏","宽民"与"严吏"相结合,从严治吏。强调各级官吏的官德素质,对官吏的政绩进行定期的严格考核,严惩贪官,整风肃纪,建设清廉吏治。

四是王夫之的民本思想具有明确的理性成分。

王夫之对民意中的非理性成分有清醒的认识。在对《尚书·泰誓》中"天视自我民视,天听自我民听"的观点表示认同的同时,他认为"天视听自民视听""举天而属之,其重民也至矣",意即"天"过于重民,因为被物化的"民"得到的视听,"视眩而听荧,曹好而党恶,忘大德,思小怨,一夫倡之,万人和之,不崇朝而喧阗流沔,溢于四海,旦喜夕怒,莫能诘其所终",民众是很容易被耳目之视听所眩而物化的,而物化之民很容易产生非理性的疯狂。因此王夫之说:"天视听自民视听,而不可忽也;民视听抑必自天视听,而不可不慎也",对待民意要理性判断、冷静分析。另外,他还首先提出"民之私"一说,即民众的私心恩怨,这样的"民之视听"往往具有不正当、不正确、不合理、非理性和局限性,一味奉迎君主之罪恶固然很大,但一味迎合民众中的恶行、迁就民众中的私心,也不是正道。一些民众与天道相违背的私心恩怨、"民之情伪",是不能够同情的。所以为政者对民众要导之以德、齐之以礼、禁之以法,不可逢民之恶、徇民之私,防止被迷惑、被蛊惑。对于犯罪之人,该流放就流放,该窜殛就窜殛,不可担心其怨言,不能迎合其欲望。既不能"舍民而言天",也不能"舍天而言民",而应该"奉天以观民"。王夫之还举例说,昔日周文王、周武王对民情民意都是"徐而察之",周文王用了一辈子时间、周武王用了十三年时间来审慎考察。

龚自珍(1792—1841年),字璱(sè音瑟)人,号定庵。汉族,仁和(今浙江杭州)人。晚年居住昆山羽琌山馆,又号羽琌山民。清代思想家、诗人、文学家和改良主义的先驱者。

龚自珍曾任内阁中书、宗人府主事和礼部主事等官职。主张革除弊政,抵制外国侵略,曾全力支持林则徐禁除鸦片。48岁辞官南归,次年卒于江苏丹阳云阳书院。他的诗文主张"更法""改图",揭露清统治者的腐朽,洋溢着爱国热情,被柳亚子誉为"三百年来第一流"。著有《定庵文集》,留存文章300余篇,诗词近800首,今人辑为《龚自珍全集》。著名诗作《己亥杂诗》共350首。多咏怀和讽喻之作。

无耻则辱

【原文】

农工之人、肩荷背负之子无耻,则辱其身而已;富而无耻者,辱其家而已;士无耻,则名之曰辱国;卿大夫无耻,名之曰辱社稷。由庶人贵而为士,由士贵而为小官,为大官,则由始辱其身家,以延及于辱社稷也。

(龚自珍《明良论》)

【释义】

农民、工匠、挑夫不讲廉耻,只是使他们自受侮辱而已;有钱的人不讲廉耻,只是使他们的家庭受到侮辱而已;读书人不讲廉耻,就可以说是辱没了国家;卿大夫不讲廉耻,就可以说是辱没了天下。不讲廉耻的人，从普通百姓上升为读书人，从读书人上升为小官、大官，就是从他们自身自家受辱，扩大到整个国家天下受辱的过程。

不可止

【原文】

有如贫相轧，富相耀；贫者黏，富者安；贫者日愈倾，富者日愈壅。或以羡慕，或以愤怨，或以骄汰，或以啬吝，浇漓诡异之俗，百出不可止。

（龚自珍《壬癸之际胎观·第一》）

【释义】

如果贫穷的人相互排挤，富有的人相互炫耀；贫困者濒临危境而富有者心安理得；贫穷者一天比一天自暴自弃，富有者一天比一天蒙蔽阻塞。有的人羡慕，有的人怨恨，有的人过分骄奢，有的人过分啬吝，虚浮不厚道、奇异神秘的风俗世道，经常出现却不能制止。

天地,人所造

【原文】

天地,人所造,众人自造,非圣人所造。天神,人也;地祇,人也;人鬼,人也。

(龚自珍《壬癸之际胎观·第一》)

【释义】

天与地,是人所创造的,民众自己创造的,而不是某些圣人君王创造的。天神,是人;地神,也是人;人间的鬼,还是人。

人心为本

【原文】

人心者,世俗之本也;世俗者,王运之本也。

(龚自珍《平均篇》)

【释义】

人心是世道的基础;世道是国家命运的根本。

不 平

【原文】

最上之世,君民聚酿然。三代之极其犹水。君取盂焉,臣取勺焉,民取卮焉。降是,则勺者下侵矣,卮者上侵矣。又降,则君取一石,民亦欲得一石,故或涸而踣。石而浮,则不平甚;涸而踣,则又不平甚。

(龚自珍《平均篇》)

【释义】

上古最早的时候,君王和下民凝心聚力。夏商周三代君民关系更是像分水一样有秩序。君王舀一水盂,臣子舀一水勺,民众就只取一酒卮。自三代以来,以下依次,用勺舀水的侵犯下面的人,用酒卮舀水的人冒犯上面的人。再后来,君王要得到一石,普通百姓也想得到一石,所以会因为水干涸而凋敝。路上满是石头,就会很不平坦;水干涸而崎岖,也会很不平坦。

泪滂沱

【原文】

只筹一缆十夫多,细算千艘渡此河。
我亦曾糜太仓粟,夜闻邪许泪滂沱。

(龚自珍《己亥杂诗》)

【释义】

一根纤绳需要十个纤夫拉,细算起来每天有千艘船渡过这条河。我也曾在京城做官,消耗过国家的俸米,今夜间听到纤夫的呼号,忍不住泪如雨下。

【导读】

龚自珍兼收并蓄今文经学、佛学,以及先秦时代的法家、道家等思想,针对清朝政治制度、经济生活、社会现状、文化政策等,阐释自己的民本思想,力举"通经致用"改革弊政:"一祖之法无不敝,千夫之议无不靡,与其赠来者以劲改革,孰若自改革?"他愤怒地控诉了专制制度的罪恶,强烈地批评那些不关心民生的贪官污吏、庸官昏吏。

龚自珍对现实社会的揭露和批判是坚定而富有力

度的,他对清王朝极端皇权专制的严酷,对昏庸官僚腐败的鞭笞,对恶俗陋习和喑哑世风的抨击精准到位、入木三分。他重点对贫富差距拉大,大小官吏腐败进行分析批判,指出社会问题会导致政治危机;对封建社会用人制度进行猛烈的批判,认为封建专制下论资排辈的用人制度,阻碍了政治的清明和社会的进步,写出了他著名的诗篇"九州生气恃风雷,万马齐喑究可哀。我劝天公重抖擞,不拘一格降人才"的著名政论诗篇;对封建科举制度和文化专制主义和僵化停滞进行了批判,让知识分子获得思想和言论上的自由,扭转"避席畏闻文字狱,著书都为稻粱谋"的现象;他大胆地预言清王朝已是"衰世""昏时""日之将夕,悲风将至",巨大变革即将来临。

同时,龚自珍也提出了许多关于民生、民权、民本的建设性主张,呼吁改革政治制度,适当限制君权,改善君臣关系,革除吏治弊端,废除科举制度,限制土地兼并,兴修水利工程,改进农业生产,轻徭薄赋惠民,缩小贫富差距,禁贩吸食鸦片,提倡妇女解放等。甚至还对种植蚕桑富民提出建议:"我观畿铺间,民贫非土贫,何不课以桑,治织纴组纫",表达了强烈的恤民之心。

龚自珍的民本思想是中国社会大变革前夕社会思想的集中表现，既体现了中国古代传统民本思想的精粹，又揭开了中国近代新兴民主思想的序幕，因而具有助推历史转折的重要意义。

第五章
中国共产党的民本思想形成过程和深刻内涵

明末清初以来,随着生产力发展、生产关系调整,尤其是阶级斗争的不断尖锐和社会矛盾的不断激化,民本思想不断凸显和强化,成为近代一些政治家探索的方向和具有进步观念思想家思考的重点,他们对君主专制制度给予了质疑和批判,试图在君与民的关系中,找到思想的突破口,并以行动推进民本实践,他们在反帝反封、救亡图存、民族复兴的艰难探索形成了自己的民本思想,为中国共产党的诞生和中国共产党民本思想的形成奠定了理论基础和实践基础。

第一节 近代以来民本思想基础

以龚自珍质疑"君权神授"观,林则徐提倡以民众观为准则,魏源批评君主、提倡重民,指出君主制度是"天下之大害",提出"天下为主,君为客"的主张等为标志,中国近代民主思想得以启蒙。太平天国运动是清朝历史上最大规模的农民战争,也是一次由农民起义创建的农民政权。《天朝田亩制度》是太平天国的基本纲领,《资政新篇》是太平天国的经济主张,也是中国近代第一个谋求发展资本主义经济的纲领性文献。天朝提出"普天之下皆兄弟,一切人皆平等""有饭同吃,有衣同穿,有钱同使,无处不均匀,无人不保暖"的政治主张,把中国传统的平均观与近代西方基督宗教的平等观相结合,使传统的民本思想开始具有近代化意义。

随着"西学东渐",以及中国近代化进程的发展,西方资产阶级的人权观、自由平等观、三权分立观念等影响中国,民本思想开始向民主思想演进。资产阶级改良派指出了资本主义必将取代封建主义的趋势。

郑观应最早提出"民主"一词,主张君主立宪制。洋务运动、公车上书、戊戌变法等,虽然具有反侵略、反封建的进步意义和积极因素,但因为缺乏坚强的领导力量、缺少民众的支持力量而最终失败。康有为吸收了传统民本思想和西方"天赋人权""平等""自由""博爱""三权分立",描绘了"据乱世""升平世""太平世"的愿景。梁启超追随康有为,主张征税要以便民为原则,实行轻税、平税政策,反对与民争利,他的政治主张由君主立宪制转向民主共和制。谭嗣同兼收并蓄传统文化与现代文化、西方文明与中国文明,反对君主专制,反对"臣为君死",主张"臣为君纲"。

但是民本思想与民主思想仍然有本质的不同。民本思想是中华传统文化的产物,它是古代中国权力集团处理社会关系的一种理念,后来成为权贵阶级维护自身统治、自身权力、自身利益而提出来的执政理念。民本思想中没有赋予民众以真正的人权,没有授予民众发表自由意志的权力,人身和财产安全并没有受到制度性保护,也就是说君民之间统治与被统治的关系并没有改变,君乃民之父母,替民做主、为民做主,宗法制度痕迹很重。而民主思想的核心是民权,即主权在民的思想,主张一切权力属于人民,民之主权首先表现在尊重人权,即自由、平等、安全的权力,言论、结社、集会自由的权力,选举与被选举的权力。没有人权,就没有民主;没有民主,人权就得不到保障。没有人的自我价值的实现,就没有社会价值的共同遵循;没有共同社会价值的存在,就没有对个体价值的尊重。中国古代民本思想一方面维护古代君主专制和森严的等级制度,一方面也尊重民意民权、珍视人的生命,培育了中国民主思想的土壤。民本思想与民主思想的共同基础是以民为重,但根本区别在于民主思想倡导主权在民,民有各种权力。

近代以来,中华民族和中国社会遭遇到的民族危机和社会危机,传统民本思想与外来民主观念发生的碰撞交流,产生了新的思想。孙中山以西方自由、平等、人权理论为基础,以欧美民主共和政体为蓝本,主张民有、民享、民治,提出民族主义、民权主义、民生主义的"三民主义"。他重视民众的作用,与传统民本思想和西方民主观念相比,有一定进步性。尤其是1911年爆发的辛亥革命,是近代中国比较完全意义上的资产阶级民主革命,反帝反封建的斗争使民主共和观念深入人心,极大地解放了当时的社会思想。但由于封建势力和西方势力的强大,以及没有真正充分发挥民众的作用,因而辛亥革命的效果具有一定的局限性。

五四新文化运动中,中国的先进分子开始思考民主的真正含意,探索民权真正的内涵,意识到要实现政治上的民主,必须实现以个体人权的解放为前提,意识到必须实现劳苦大众政治、经济、文化权益的彻底解放,于是一种与封建专制制度和封建伦理道德相对立的民主思想、民主追求、民主精神,伴随一系列的社会实践和革命行动应运而生。

十月革命之后马克思主义传入中国,迅速与中国的革命实践相结合产生了革命的理论和先进的思想。中国共产党诞生后,把为了劳苦大众、依靠劳苦大众,解放民众、发展民生、推进民主作为自己的政治主张和思想理论,逐渐完成传统民本思想向新民主主义民主、社会主义民主和中国特色社会主义民主的历史进程。

植 柳

【原文】

善赋民者,譬植柳乎,薪其枝而培其本根。不善赋民者，譬则剪韭乎，日剪一畦，不罄不止。

士无富民则国贫，士无中户则国危，至下户流亡而国非其国矣。

（魏源）

【释义】

善于从民众中获益的人，就像种植柳树一样，修削整理树枝而培植树的根和本。而不善于养民的人，就像割韭菜一样，一天割光五十亩，不完不停。

一个国家如果没有富裕阶层就会贫穷，没有中产阶级就会很危险，到了贫困阶级逃荒而走，国家就不成为国家了。

凡民皆臣

【原文】

民之立君者，以为己之保卫者也。盖又如两人有相交之事，而另觅一人以作中保也。故凡民皆臣，而一命之士以上，皆可统称为君。

中国地方之大病在于官代民治，而不听民自治。立法之意但以为国，非以为民；但求不乱，非以求治。……有大官而无小官，有国官而无乡官，有国政而无民政,有代治而无自治。

(康有为《万身公法书籍目录提要及实理公法全书》)

【释义】

民众拥护自己的君主,是用来保障自己利益的。又像两个相互做生意的人,需要另外找一个人来做中间担保一样。所以凡是民众都是臣子,而一旦任命其为士之上的职位,都可以称为君主。

中国最大的弊病在于官治代替了民治,而不听取民众的自治。建立法律的本意只为了国家,而不是为了民众;只求不乱,而不是为了求治。……有大的官吏而没有小的官员,有国家的大官而没有乡村的小官,有国家的大政方针而没有民众的政治权力,有代替管理而没有自己管理。

便 民

【原文】

西人于民生日用必要之物,必豁免其税以便民。中国则乘民之急而重征之,如盐政之类是也。亦有西人良法美意,为便民而起,而中国视为助帑之计,行之而骚扰滋甚者，如今之邮政之类是也。

（梁启超《史记·货殖列传今义》）

【释义】

西方人对于民生日用必要之物，一定会豁免其税以便民。而中国却是乘民众之急而加重征收，像盐政之类行业就是这样的。也有西方人的良法美意，是为了便民而产生的，而中国却视之为挣钱的策略，实施中骚扰恣意者多，今天的邮政之类行业就是这样的。

君末民本

【原文】

生民之初，本无所谓君臣，则皆民也。民不能相治，亦不暇治，于是共举一民为君。……君，末也；民，本也。天下无有因末而累及本者……

（谭嗣同《仁学》）

【释义】

民众形成之初，本来没有什么君臣之分，都是普通人。由于普通人不能够互相管理，也没有空闲互相管理，于是共同推举一人作为君王来管理大家。……

所谓君王,是树梢的末端,而民众则是树根,天下不能有因为末而伤及本的事情……

有田同耕,有饭同食,有衣同穿,有钱同使

【原文】

凡天下田,天下人同耕。

有田同耕,有饭同食,有衣同穿,有钱同使,无处不均匀,无人不饱暖也。

盖天下皆是天父上主皇上帝一大家,天下人人不受私,物物归上主,则主有所运用,天下大家处处平匀,人人饱暖矣。

凡天下官民,总遵守十款天条及遵命令。尽忠报国者则为忠,由卑升至高,世其官。官或违犯十款天条及逆命令受贿弄弊者则为奸,由高贬至卑,黜为农。民能遵条命及力农者则为贤为良,或举或赏。民或违条命及惰农者则为恶为顽,或诛或罚。

(太平天国《天朝田亩制度》)

【释义】

凡是天下的田,天下人可以共同耕种。

有田同耕,有饭同吃,有衣同穿,有钱同用,无

处不平均，无人不饱暖。

天下都是天父上主皇上一个大家庭，普天之下人人不接受私物，任何物品都交归上天，而上天会有安排，只有这样大家都平均，人人都饱暖。

大凡天下的官与民，全部要遵守十款天条及命令。尽忠报国之人就是忠，可由卑位升官至高位，世代可以袭官。官吏如果违犯十款天条及逆命令、受贿弄弊者则为奸，要由高位贬至卑位，甚至罢黜为农。民众能遵守条命，勤奋务农的都是贤良，可以得到推举或受到奖赏；民众中有人违抗条命，不愿务农者则是恶行顽愚，当被诛杀或者受罚。

孙中山的经典论述

我们三民主义的意思，就是民有、民治、民享。这个民有、民治、民享的意思，就是国家是人民所共有，政治是人民所共管，利益是人民所共享。照这样的说法，人民对于国家不只是共产，一切事权都是要共的。这才是真正的民生主义，就是孔子所希望之大同世界。

(孙中山1924年8月10日在《三民主义·民生主义第二讲》演讲)

民生主义的办法，国民党在纲里头老早是确定了。国民党对于民生主义定两个办法：第一个是平均地权，第二个是节制资本，只要照这两个办法，便可以解决中国的民生问题。

（1924年8月10日，孙中山在《三民主义·民生主义第二讲》中指出）

共和之坚固与否，全视乎吾民，而不在乎政府与官吏。盖共和国与专制国不同，专制国是专靠皇帝，皇帝贤，尚可苟安；如不贤，则全国蒙祸。而共和国则专恃民力，使吾民能人人始终负责，则共和目的无不可达；若吾民不知负责，无论政府官吏如何善良，真正之共和必不能实现也。是知共和国之民，应希望自己，不应希望政府官吏也。

（孙中山《宁波实行地方自治之三项意见——在宁波各界欢迎会的演说》）

天之生人虽有聪明才力之不平等，但人心则欲使之平等，斯为道德上之最高目的，而人类当努力进行着。

虽天生人之聪明才力有不平等，而人之服务道德心发达，必可使之成为平等了。这就是平等之精义。

（《孙中山选集》）

民生就是人民的生活——社会的生存、国民的生计、群众的生命便是。

民生就是政治的中心，就是经济的中心和种种历史活动的中心，好像天空以内的重心一样。

(《孙中山全集》第9卷)

【导读】

中国近代民本思想的重大转折点和标志是孙中山先生领导的近代民主革命。

孙中山是中国近代民本思想的集大成者，中国近代民族民主主义革命的开拓者，中国民主革命伟大先行者，三民主义的倡导者，中华民国和中国国民党的缔造者。他创立了《五权宪法》，首举彻底反封建的旗帜，他领导的辛亥革命"起共和而终二千年帝制"，推翻了清朝封建统治，结束了封建帝制，散播了民主共和国思想的种子。他把"民"作为政治理念和实践主题，提出"建设一世界上最富强最快乐之国家为民所有、为民所治、为民所享者"的主张，实现了传统民本思想向近代民主思想的转变。

孙中山的民主思想是中国古代民本思想的发展。《尚书》"民惟邦本，本固邦宁"的思想，孔子的"天下为公"的思想,孟子"民贵君轻"的思想,朱熹"国以民为本"的思想等,成为孙中山民主思想的传统文化基础。民本思想注重的是人性,民主思想注重的是人权;民本思想强调重民、贵民,甚至可以为民而反君。民主思想强调的是"公民和政治权利",即赋予人民发表意见的自由权利、生命和财产安全保障的权利等,是政治权利与经济权利的综合体现。

孙中山的民主思想也是把中国近代民主革命同西方民主思想中的有益成分和优秀成果相结合的产物,正如孙中山所说:"余之谋中国革命,其所持主义,有因袭吾国固有之思想者,有规抚欧洲之学说事迹者,有吾所独见而创获者。"孙中山的民本思想从重民、爱民、救民,发展到"建设一世界上最富强最快乐之国家为民所有、为民所治、为民所享者"。

关于"民有""民治""民享",孙中山认为,四万万中国人民是国家的主人:"当今之国家,非一人之国家,乃我人民之国家""共和的观念是自由、平等、博爱"。因此,国家是人民的共和国,建设共和国也要依靠国民,一切权力由国民所共有。这是孙中山先生对"民有"的理解。民众要有自治的能力,必先有选举权、罢免权、创制权、复决权。依行政、立法、司法、考试、监察五种制权分立原则建立的政府，是为人民谋幸福的，政府的能力越大，所谋求的幸福也越大。孙中山说："共和国家，重在民治。民之自治，基于自觉，欲民之自觉，不可无启导诱掖之方。"既然"共和国为人民之国"，那么，一切就应"合全国人民为之""合群力以治国"，否则，民治就只是一句空话。这就是孙中山先生对"民治"的理解。既然人民享有国家主人的地位，国家为人民所有，那么人民就享有自由平等、民生幸福的一切权利。"人民是主人，国家为人民的所有物；哪一个人想独裁全国，都是不成的。国内的事情，要人民去管理；国内的幸福，也是人民来享受。"在此基础上，孙中山强调"夫民国新造，首重保民""国家之本在于人民""基础巩固，民国才能巩固"。为官者不论大小，都是人民的公仆。这是孙中山对官民关系的重新定位。从这个意义上说，孙中山的民主思想具有新的时代内涵。

孙中山的三民主义突破了中国古代民本思想局限，其本质区别在于，古代传统民本思想不具备对普通民众个体价值与权利的尊重，而人民享有国家，人民是国家的主人，也是国家的基础，"基础巩固，民国才能巩固"。而各级官员无论大小，都是人民的公仆、受人民的节制，这些民本思想使新的共和政体的国家制度与封建专制政体有本质的区别。

在此基础上，孙中山确定了"联俄、联共、扶助农工"的三大政策，这表明他从俄国革命实践和中国共产党的斗争实践，以及中国社会斗争形势的分析判断上，对民众的力量有了重新认识。在共产党人的帮助下，孙中山将他的民权主义同"为资产阶级所专有"的西方民主制度区别开来，转变成"为一般平民所共有，非少数者所得而私也"，这是一个重大的进步。同时他认识到革命的依靠力量应该从海外华侨、留学生、会党，转向农工民众。他说："农民是我们中国人民之中的最大多数，如果农民不参加革命，就是我们革命没有基础""工人既是有了团体，要废除中外不平等条约，便可以做全国人的指导，全国民的先锋，在最前的阵线上去奋斗""所恃为后盾者，实为多数之民众，若知识阶级、若农夫、若工人、若商人是已。"在认识的基础上，孙中山这位中国历史上第一位共和国总统还出台了许多重民、贵民、惠民、保民政策，而且身体力行亲民爱民，体现了近代以来革命领导人的思想、先行者的风范和情怀。

孙中山的三民主义理论对后来产生了深远影响，毛泽东等一大批共产党人继承和发扬了孙中山以民为本的思想，进一步把马克思主义与中国革命与建设的实践相结合，不断形成和丰富中国共产党为人民服务的思想和执政为民的理念。

第二节 毛泽东思想中的民本思想和群众路线

民本思想是毛泽东思想的重要组织部分，是贯穿毛泽东思想的主线。马克思主义群众观是毛泽东哲学思想的精髓，人民群众是推动历史的英雄的观点体现了马克思主义的唯物史观，全心全意为人民服务是毛泽东确定的政治宗旨，群众路线是毛泽东为中国共产党确定的政治路线和党的生命线。

一、毛泽东有关经典论述

什么力量最强？民众联合的力量最强。

（毛泽东1919年7月14日《湘江评论》发刊词）

很短的时间内，将有几万万农民从中国中部、南部和北部各省起来，其势如暴风骤雨，迅猛异常，无论什么大的力量都将压抑不住。他们将冲决一切束缚他们的罗网，朝着解放的路上迅跑。一切帝国主义、军阀、贪官污吏、土豪劣绅，都将被他们葬入坟墓。

（毛泽东1927年3月5日《湖南农民运动考察报告》）

只有把从生产劳动到柴米油盐和小孩上学这些小事做好，才能使广大群众认识到我们是代表他们利益的，是和他们的呼吸相通的。

一切空话都是无用的，必须给人民以看得见的物质福利。

要得到群众的拥护吗？要群众拿出他们的全力放到战线上去吗？那么，就得和群众在一起，就得去发动群众的积极性，就得关心群众的痛痒，就得真心实意地为群众谋利益，解决群众的生产和生活的问题。

真正的铜墙铁壁是什么？是群众，是千百万真心实意地拥护革命的群众。这是真正的铜墙铁壁，什么力量也打不破的，完全打不破的。

（毛泽东1934年1月27日在江西瑞金召开的第二次全国工农兵代表大会上的讲话）

必须明白：群众是真正的英雄，而我们自己则往往是幼稚可笑的。

（毛泽东1941年3月17日《农村调查的序言》）

我们的第一个方面的工作并不是向人民要东西，而是给人民以东西。

（毛泽东1942年12月在《经济问题与财政问题》一文中指出）

我们的共产党和共产党所领导的八路军、新四军，是革命的队伍。我们这个队伍完全是为着解放人民的，是彻底地为人民的利益工作的。

（毛泽东1944年9月8日《为人民服务》）

人民，只有人民，才是创造世界历史的动力。

全心全意为人民服务，一刻也不脱离群众；一切从人民的利益出发，而不是从个人或小集团的利益出发；向人民负责和向党的领导机关负责的一致性；这些就是我们的出发点。

应该使每个同志明了，共产党人的一切言论行动，必须以合乎最广大人民群众的最大利益，为最广大人民群众所拥护为最高标准。

（毛泽东1945年4月24日在中共七大《论联合政府》）

人民群众有无限的创造力。

共产党就是要奋斗,就是要全心全意为人民服务,不要半心半意或者三分之二的心三分之二的意为人民服务。

(毛泽东1957年《坚持艰苦奋斗,
密切联系群众》)

共产党员要善于同群众商量办事,任何时候也不要离开群众。党群关系好比鱼水关系。

(毛泽东1957年7月《一九五七年
夏季的形势》)

二、毛泽东思想群众观点的主要来源

一是中华传统文化中的民本思想。毛泽东熟读儒家经典,深悟古代政治家、思想家关于敬民、尊民、保民、重民、安民、惠民、亲民、爱民、教民、养民、用民的思想,还抄录过张载的"横渠四句":"为天地立心,为生民立命,为往圣继绝学,为万世开太平",并认为"为生民立道,相生相养相维相治之道也"。同时作为现代知识分子,毛泽东继承了儒家仁学与仁政思想,批判了"治人""治于人"等及封建等级观念,具有强烈的民主仁政思想。毛泽东对传统文化中民本思想的批判性继承，形成了革命的群众观。

二是近代西方民主主义思潮在中国的实践。西方近代人本主义和民主思想在反对迷信、崇尚科学，反对专制、追求自由，反对神性、张扬人性，反对封建主义、推进人的解放方面有着积极作用。毛泽东的青年时期正值这些西方思潮传入中国，民主思想很快成为积贫积弱的近代中国救亡图存的良方，为有志之士所追求。18岁那年，毛泽东来到长沙，开始接触到以西方文化为主要内容的"新文化""新思潮""新思想"，进化论使他认识到人类社会进化的规律，意识到求变才能保国、破旧才能立新，实用主义使他看到现实与实践的重要性。毛泽东也曾认为"由独裁政治，变为代议政治，由有限的选举，变为没限制的选举"是一种选择，希望"将民众联合起来，向强权者为持续的'忠告运动'，实行'呼声革命'——面包的呼声、自由的呼声、平等的呼声——'无血革命'，不致张起大搅乱，行那没效果的'炸弹革命'、'有血革命'。"但是和平的道路显然行不通，西方的议会、民主、舆论自由、司法独立也行不通。毛泽东从笃信西方民主到五四前后转向批判西方民主、接受马克思主义、借鉴西方资产阶级民主的合理成分。这一过程中,毛泽东以"洋为中用""吸取其精华,剔除其糟粕"的态度批判地吸收消化西方哲学思想,包括黑格尔的唯心辩证哲学,以康德、费尔巴哈为代表的德国古典哲学,杜威的实用主义,等等。20世纪60年代中期毛泽东还在推荐黑格尔著作,说"黑格尔的书必须看""不读唯心主义的书、不读形而上学的书,就不知道唯物主义和辩证法",他还读过苏格拉底、柏拉图和亚里士多德的著作,对卢梭、达尔文、亚当·斯密、孟德斯鸠、赫胥黎、斯宾塞等的18世纪、19世纪西方资产阶级民主主义和近代科学著作颇有研究。

产生于20世纪初的个人主义思想和实用主义思想,主张以人的价值为中心,以实用、效果为标准,以实践、行动为特征,美国哲学家杜威的实用主义强调"哲学不可以离开可观察的经验事实,而虚构形而上的本体性做法",要求哲学命题尽可能与现实经验相结合,这对毛泽东形成理论联系实际、思想联系经验的哲学思维,尤其是形成实事求是、一切从实际出发、密切联系群众等思想,产生了一定的影响。

三是马克思主义基本原理中的群众观和劳动观。

马克思、恩格斯的经典著作和论述中，对人民群众地位、作用有充分肯定。《共产党宣言》指出，共产党人"没有任何同整个无产阶级的利益不同的利益""共产党人强调和坚持整个无产阶级共同的不分民族的利益"；马克思主义唯物史观告诉我们，人民群众是改造自然和改造社会的主体，是人类发展的根本力量，是社会物质财富的创造者，劳动大众是推动历史前进的最伟大的客观物质力量，同时又是精神财富的创造者，是一切精神财富的源泉。社会形态由低级向高级飞跃，其推动力量是劳动大众。这些思想被毛泽东吸收，他运用马克思主义的世界观和方法论审视人民群众的地位和作用，认为人民群众是创造财富的力量、推动历史的英雄，体现了马克思主义的唯物史观。把群众观与马克思主义基本原理结合起来，是毛泽东思想对马克思主义的创新。毛泽东的群众观既是马克思主义群众观中国化的过程，也是中华传统文化中的民本思想现代化的过程。

三、毛泽东思想中群众观点的丰富内涵和精华

群众观点作为毛泽东思想的主要组成部分，对中国革命和建设具有极其重要的指导意义，主要表现在

以下几个方面：

第一，指明了人民群众在历史方位和社会地位中的重要位置。毛泽东具有强烈的历史使命感和责任感，年轻时就确立了为人民的解放、为人民的利益而奋斗的志向，以火热的人民情怀凝聚起一大批志同道合者，领导人民不懈奋斗，终于建立了一个属于人民的共和国。"人民"是毛泽东终生追求的人生目标和政治方向。在长期革命和建设的伟大实践中，尊重人民主体地位、充分发扬民主一直是毛泽东民本思想的核心。毛泽东十分注重在党内发扬民主，尊重人民群众的意见。他深刻地指出，我们共产党区别于其他任何政党的又一个显著标志，就是和最广大的人民群众取得最密切的联系。毛泽东在《论人民民主专政》和《正确处理人民内部矛盾》中，对人民民主思想进行了系统阐述，他指出，政府只是基于人民的委托才获得权力，这种权力必须接受人民的监督，领导者只有代表人民群众，向人民群众负责，正确行使这一权力，才能实现社会进步和大多数人的幸福。全心全意为人民服务，一刻也不脱离群众；一切从人民的利益出发，而不是从个人或小集团的利益出发；因此要教育每一个同志热爱人民群众，倾听群众的呼声。毛泽东告诫道，党内外一切同志，无论职务高低，都是人民的勤务员，都是为人民服务的。如果把自己看作群众的主人，看作高居于"下等人"头上的贵族，"不管他们有多大的才能，也是群众所不需要的，他们的工作是没有前途的"。

毛泽东尊重人民群众的民主权利。他认为，如果没有民主，群众不敢讲话，就不可能真正听到群众的各种意见；如果没有民主，群众的积极性、主动性就不可能得到发挥；如果没有民主，就不可能有真正的集中，不可能有正确的意见。针对党内长期存在的家长制作风和缺乏民主传统的状况，毛泽东多次提出要虚心听取群众意见，支持各种不同意见的争论，反对个人专断，要求"党内生活民主化""扩大党内民主"。毛泽东的群众观是毛泽东的执政理念，也是理论探索，是毛泽东思想的核心。

第二，确定了群众观点在中国共产党执政理念和思想理论中的重要分量。政党的思想理念是决定政党人心向背的关键。相信人民、依靠群众，人民至上、与人民在一起，始终是毛泽东坚持不懈的思想基础和坚定不移的实践基础。他创造性地确立了"全心全意为人民服务"这一党的根本宗旨，要求全党牢固树立这个群众观点,要求全党遵循"从群众中来,到群众中去"这条工作路线,认为这条工作路线是凝聚和激发人民群众巨大创造力的重要方法和途径,既是共产党的路线,也是人民的路线,更是我们开展一切工作的根本方法。毛泽东认为,人的正确思想是从实践中得来的,实践的主体是人民群众,因此要想得到正确思想必须向人民群众学习,这是毛泽东民本思想的基本观点。毛泽东说,群众是真正的英雄,要充分尊重群众的首创精神。解决困难和问题的办法来自人民群众,力量来自人民群众,智慧来自人民群众,要虚心向人民群众请教,向人民群众学习。毛泽东指出:"在我党的一切实际工作中,凡属正确的领导,必须是从群众中来,到群众中去。这就是说,把群众的意见(分散的无系统的意见)集中起来(经过研究,化为集中的系统的意见),又到群众中去作宣传解释,化为群众的意见,使群众坚持下去,见之于行动,并在群众行动中考验这些意见是否正确。然后再从群众中集中起来,再到群众中坚持下去。如此无限循环,一次比一次地更正确、更生动、更丰富。这就是马克思主义的认识论。"

第三,充分发挥人民群众在中国革命和建设中的巨大作用。在争取民族独立和人民解放的伟大斗争中，毛泽东深刻地认识到人民群众的作用，认为他们是把"一切帝国主义、军阀、贪官污吏、土豪劣绅"埋进坟墓的坚强力量。他通过多次深入调查研究，准确分析了中国的阶级矛盾和社会状况，把工农劳苦大众作为解放的对象和主要的依靠力量，培养成反帝、反封建、反官僚的主力军。抗日战争时期，毛泽东提出全面抗战的战略思想，反对国民党的片面抗战，形成了全民族的人民战争，取得了最终胜利。如果没有号召、动员、组织起全体中国人民的抗战力量，如果没有团结起海内外中华儿女的爱国力量，中国共产党要取得领导抗战的胜利是不可想象的。十四年艰苦卓绝的抗日运动，充分显示了中国人民反侵略反殖民反剥削的巨大力量，充分彰显了毛泽东思想的正确性。社会主义建设时期，毛泽东坚持人民群众的主体地位，认为搞社会主义的关键在于调动、发挥和保护人民群众的积极性，工人、农民和知识分子是创造社会财富的主要力量。毛泽东指出，人民群众有无限的创造力，他们可以组织起来，向一切可以发挥自己力量的地方和部门进军，向生产的深度和广度进军，替自己创造日益增多的福利事业。在毛泽东群众路线的正确指引下，中国社会主义建设取得巨大成就，国民经济建设得到显著加强，科学技术水平得到明显提高，人民生活得到稳步改善。人民群众在伟大实践中创造了许多彪炳史册的伟大精神，如大庆铁人精神、雷锋精神，展现了许多感天动地的伟大事迹，如普通工人向秀丽、时传祥、王崇伦，普通农民陈永贵，普通售货员张秉贵，普通战士王杰、欧阳海，等等，他们的感人事迹和故事，得到全党和全社会的高度赞誉，充分说明了人民群众在社会主义建设中的主体作用和重大贡献，也表明了毛泽东思想中群众观的重大意义。

第四，建立了人民民主专政的政治制度。中华传统文化中的纲常观念和等级思想，封建文化禁锢下的惰性、奴性和宿命论等糟粕成分，劳心者治人、劳力者治于人的剥削观念，限制个人自我发展、不尊重个人权利的思想观念根深蒂固，传统文化中存在反映封建宗法制度的旧意识。重视民生，注重民本，发扬民主，尊重民意，让人民群众当家作主，这是毛泽东民本思想的基本点，但是把民本思想上升为民主制度，则是毛泽东的伟大贡献。早在1939年5月，毛泽东在《青年运动的方向》的讲演中就提出要"建立人民民主主义制度"，在随后的《新民主主义论》和《论联合政府》中,毛泽东进一步提出新中国应当"建立一个以全国绝对大多数人民为基础而在工人阶级领导之下的统一战线的民主联盟的国家制度"。1945年7月,毛泽东在回答著名爱国民主人士黄炎培关于中国共产党能否跳出"其兴也勃焉,其亡也忽焉"的历史周期率的提问时指出,"我们已经找到新路,我们能够跳出这个周期率。这条新路,就是民主。只有让人民来监督政府,政府才不敢松懈。只有人人起来负责,才不会人亡政息。"毛泽东深邃地指出,人民民主制度才是保证党执政甚至是长期执政的社会基础、群众基础。在此基础上,毛泽东还领导建立了人民代表大会制度、政治协商制度、民主集中制等各项政治制度,等等,每一项制度都体现了主权在民的人民民主思想。

第三节 中国特色社会主义的群众路线

1978年改革开放以来,以邓小平、江泽民、胡锦涛、习近平为代表的中国共产党人把马克思主义的基本原理、毛泽东思想,与改革开放和现代化建设的伟大实践相结合,使马克思主义中国化的过程中实现了马克思主义理论的第二次飞跃,这就是以邓小平为核心的中央第二代领导集体开创的中国特色社会主义。

在中国特色社会主义的指引下,改革开放新的伟大革命极大地激发了广大人民群众的创造性,极大地解放和发展了社会生产力、增强了社会的发展活力,人民生活显著改善,综合国力显著增强,国际地位显著提高。由此形成的中国特色社会主义道路、中国特色社会主义理论体系、中国特色社会主义制度,使中国赶上了世界发展的潮流,引领了时代进步的步伐,实现了中国人民从站起来到富起来、强起来的伟大飞跃。

在改革开放和现代化建设的伟大实践中,中国共产党坚持马克思主义的立场、观点和方法,继承中华优秀传统文化中的民本思想并不断赋予新的内涵,吸收西方近代以来民主思想的有益成分,以及一切人类文明的有益成果,并加以消化改造,把民本思想升华到党的群众路线,在治国理政中体现以民为本、以人为本的民本思想,坚持了人民主体地位,确保了群众利益,推进了民主进程,依法保障了人民的民主权利。邓小平理论、"三个代表"重要思想、科学发展观蕴含着丰富的发展中的民本思想。中国共产党把群众路线作为党的生命线,不断坚持、巩固、发展、完善,形成了中国特色社会主义的群众路线。

经典论述

我们相信,我们的人民是顾大局、识大体、守纪律的。

党的领导就是要善于集中人民群众的正确意见,对不正确的意见给以适当解释。

我们的各级领导,无论如何不要造成同群众对立的局面。

要切实保障工人农民个人的民主权利,包括民主选举、民主管理和民主监督。

为了保障人民民主,必须加强法制。

(邓小平1978年12月13日《解放思想,实事求是,团结一致向前看》)①

没有民主就没有社会主义,就没有社会主义的现代化。

(邓小平1979年3月30日《坚持四项基本原则》)②

人民是文艺工作者的母亲。一切进步文艺工作者

---

① 《邓小平文选》第2卷,人民出版社1994年版,第140页。
② 《邓小平文选》第2卷,人民出版社1994年版,第168页。

的艺术生命，就在于他们同人民之间的血肉联系。

人民需要艺术，艺术更需要人民。

(邓小平1979年10月30日《在中国文学艺术工作者第四次代表大会上的祝词》)①

我们必须恢复和发扬党的艰苦朴素、密切联系群众的优良传统。

为什么过去很困难的局面我们都能渡过？根本的问题是我们的干部、党员同人民群众一块苦。

我们脱离群众，干部特殊化是一个重要的原因。干部搞特殊化必然脱离群众。我们的同志如果对个人的、家庭的利益关心得太多了，就没有多大的心思和精力去关心群众了。

我们的历史经验是，越是困难的时候，越要关心群众。只要你关心群众，同群众打成一片，不仅不搞特殊化，而且同群众一块吃苦，任何问题都容易解决，任何困难都能够克服。

(邓小平1979年11月2日《高级干部要带头发扬党的优良传统》)②

---

① 《邓小平文选》第2卷，人民出版社1994年版，第211页。
② 《邓小平文选》第2卷，人民出版社1994年版，第217页。

党只有紧紧地依靠群众,密切地联系群众,随时听取群众的呼声,了解群众的情绪,代表群众的利益,才能形成强大的力量,顺利地完成自己的各项任务。

(邓小平1980年8月18日《党和国家领导制度的改革》)①

党的组织、党员,都要永远站在人民一边,同人民在一起,了解他们的要求,倾听他们的呼声,采取各种办法保护和争取他们的利益。

(邓小平1980年10月25日同中央负责同志的谈话)②

要坚决批评和纠正各种脱离群众、对群众疾苦不闻不问的错误。群众是我们力量的源泉,群众路线和群众观点是我们的传家宝。

(邓小平1980年12月25日《贯彻调整方针,保证安定团结》)③

---

① 《邓小平文选》第2卷,人民出版社1994年版,第342页。
② 《邓小平年谱(1975—1997)》(上),中央文献出版社2004年版,第685页。
③ 《邓小平文选》第2卷,人民出版社1994年版,第368页。

要全心全意为人民服务,深入群众倾听他们的呼声。

(邓小平1985年9月23日《在中国共产党全国代表会议上的讲话》)①

要在全党范围内进行马克思主义唯物史观的教育,批判各种否定、贬低人民群众在社会发展中的地位和作用的历史唯心主义观点,牢固树立推动历史前进的决定性力量是人民群众的科学观点。

(江泽民1989年12月29日《为把党建设成更加坚强的工人阶级先锋队而斗争》)②

党的领导、党的一切工作,都要依靠人民,相信人民,汲取人民的智慧,尊重人民的创造,接受人民的监督。

(江泽民1995年6月30日《做一个新时期合格的领导干部》)③

要时刻摆正自己同人民群众的位置,时刻牢记为人民服务的宗旨,时刻警惕脱离群众的倾向。

---

① 《邓小平文选》第3卷,人民出版社1993年版,第146页。
② 《江泽民文选》第1卷,人民出版社2006年版,第98—99页。
③ 江泽民:《论党的建设》,中央文献出版社2001年版,第181页。

各级干部、几千万党员首先是领导机关、领导干部，在思想上作风上和工作上绝不能脱离群众。

(江泽民1997年12月22日《高中级干部要意识到肩负的重大历史责任》)①

我们党所以有力量，就是因为我们始终紧紧依靠人民群众，始终诚心诚意为人民谋利益。

(江泽民1998年12月7日《不断提高领导经济工作的水平》)②

我们党是中国工人阶级的先锋队，是全心全意为人民服务的，绝不允许搞剥削阶级政党及其统治集团所追求的那种既得利益，也绝不能成为那样的既得利益集团。如果走到了那一步，我们党就必然要失败。

(江泽民2000年12月26日《推动党风廉政建设和反腐败斗争深入开展》)③

保障工人阶级和广大劳动群众的经济、政治、文化权益，是党和国家一切工作的根本基点，也是发挥工人阶级和广大劳动群众积极性和创造性的根本

---

① 江泽民：《论党的建设》，中央文献出版社2001年版，第281页。
② 江泽民：《论党的建设》，中央文献出版社2001年版，第305—306页。
③ 《江泽民文选》第3卷，人民出版社2006年版，第184页。

途径。

> （江泽民2001年4月28日《保障工人阶级和广大劳动群众的权益是党和国家一切工作的根本基点》）①

我们党的最大政治优势是密切联系群众，党执政后的最大危险是脱离群众。在任何时候任何情况下，都必须坚持党的群众路线，坚持全心全意为人民服务的宗旨，把实现人民群众的利益作为一切工作的出发点和归宿。

> （江泽民2002年11月8日《全面建设小康社会，开创中国特色社会主义事业新局面》）②

要坚持做到权为民所用、情为民所系、利为民所谋。

> （胡锦涛2003年2月18日在新进中央委员会的委员、候补委员学习"三个代表"重要思想和贯彻十六大精神研讨班结业时讲话）

一切工作都要经得起实践、群众和历史的检验，

---

① 《江泽民文选》第3卷，人民出版社2006年版，第245页。
② 《江泽民文选》第3卷，人民出版社2006年版，第572页。

衡量政绩的最终标准是人民拥护不拥护、赞成不赞成、高兴不高兴、答应不答应。

(胡锦涛2003年11月27日《坚持立党为公、执政为民，树立正确的政绩观》)①

各级领导干部要深入基层、深入群众，到城乡困难群众的家中去，看一看他们的穿着，揭一揭他们的锅盖，问一问他们的难处，认真解决他们的实际困难，给他们带去党和政府的关怀。

(胡锦涛2003年12月15日、17日在山东、河南考察农村工作时讲话)

科学发展观，第一要义是发展，核心是以人为本，基本要求是全面协调可持续，根本方法是统筹兼顾。

(胡锦涛2007年6月25日在省部级干部进修班上的讲话)

必须坚持以人为本，始终把最广大人民的根本利益作为党和国家工作的根本出发点和落脚点，在经济发展的基础上不断满足人民群众日益增长的物质文化需要，促进人的全面发展；必须尊重人民群众的创造

---

① 《十六大以来重要文献选编》(上)，中央文献出版社2005年版，第510—511页。

精神,通过深化改革、创新体制,调动一切积极因素,激发全社会的创造活力;必须注重社会公平,正确反映和兼顾不同方面群众的利益,正确处理人民内部矛盾和其他社会矛盾,妥善协调各方面的利益关系。

(胡锦涛2005年6月26日在省部级主要领导干部提高构建社会主义和谐社会能力专题研讨班上讲话)

高度重视群众工作,坚持人民主体地位,发挥人民首创精神,是由我们党的性质决定的,也是由我们党的根本宗旨决定的。群众是真正的英雄,是我们党的力量源泉和胜利之本。党和人民事业能不能顺利发展,关键在我们党能不能始终保持同人民群众的血肉联系,能不能充分调动人民群众的积极性、主动性、创造性。

(胡锦涛2010年10月18日《继续抓住和用好重要战略机遇期,确保实现"十二五"时期发展的目标任务》)①

---

① 《十七大以来重要文献选编》(中),中央文献出版社2011年版,第1010页。

中国特色社会主义群众路线的内涵及特点

邓小平理论在继承毛泽东思想的基础上紧紧抓住"什么是社会主义、怎样建设社会主义"这一关键问题,坚持群众路线,坚持尊重群众的首创精神,坚持从社会实践中汲取智慧,坚持总结人民群众的实践经验,用来源于实践的真知指导推动改革开放,形成了中国特色社会主义的群众路线。

"三个代表"明确表达了始终代表最广大人民根本利益的思想,坚持和发展中国特色社会主义的群众路线,想事情、订措施、做工作,把人民群众拥护不拥护、赞成不赞成、高兴不高兴、答应不答应作为衡量尺度,赢得了人民群众的拥护和支持。

科学发展观继续高举中国特色社会主义群众路线的旗帜,坚持人民主体地位,坚持以人为本、全面协调可持续发展,坚持构建社会主义和谐社会,着力保障和改善民生,促进了社会公平正义,在新的历史起点上坚持和发展了党的群众路线。

党的十八大以来,新一届中央领导集体开辟了中国特色社会主义的新境界,开创了改革开放和现代化建设的新局面,形成了全党上下、全体中国人民、海内外中华儿女共同实现民族伟大复兴中国梦的同心圆，赋予了党的群众路线更富于时代性的新内涵。

建设中国特色社会主义是我国各族人民群众实现共同利益、创造美好生活的伟大事业，更好地团结和带领中国人民，充分发挥人民力量、发扬人民民主，最大限度地集中全社会、全民族智慧和力量，是加强党自身建设的伟大工程。走群众路线，是伟大事业与伟大工程的共同结合点，是中国特色社会主义获得最广泛、最深厚、最坚实群众基础的根本途径。

中国特色社会主义群众路线具有一些时代特点和实践特征。主要表现在以下方面。

1. 进一步丰富了"人民"这一政治概念的内涵

"人民"二字在不同时期有着不同的含义。在抗战时期，一切主张、支持抗日的阶级、阶层和社会组织与个人都属于人民的范畴；解放战争时期，一切反对帝国主义、封建主义和官僚资本主义的阶级、阶层和社会组织与个人，都属于人民的范畴；在改革开放和现代化建设时期，一切从事、参加、支持社会主义建设的工人、农民、知识分子、非公经济和新社会阶层人士，都属于人民的范畴。邓小平对"人民"的含义有科学的认识，尤其是创造性地提出了对知识分子的重视，突破了以往关于"人民"范畴。1977年7月21日，邓小平说："我们要准确地完整地理解毛泽东同志关于知识分子问题的思想和政策""从爱护出发，是为了更好地调动他们的积极性，发挥他们的作用，使他们能够好好地为社会主义事业服务。"1977年8月8日，邓小平指出："无论是从事科研工作的，还是从事教育工作的，都是劳动者。"1978年3月18日，邓小平在全国科学大会开幕式上指出："在社会主义社会里，工人阶级自己培养的脑力劳动者，与历史上剥削社会中的知识分子不同了""他们的绝大多数已经是工人阶级和劳动人民自己的知识分子，因此也可以说，已经是工人阶级自己的一部分""革命事业需要有一批杰出的革命家，科学事业同样需要有一批杰出的科学家。我们工人阶级的杰出人才，是来自人民的，又是为人民服务的。在广泛的群众基础上，才能不断涌现出杰出人才。"我国各民主党派"都已经成为各自所联系的一部分社会主义劳动者和一部分社会主义的爱国者的政治同盟，都是在中国共产党领导下为社会主义服务的政治力量"。"人民"概念的界定，也明确了中国共产党人服务的对象主体，明确了责任和义务。"最广大人民"一词是对"人民"概念的极大拓展，江泽民把民本思想上升到"三个代表"，提出立党为公、执政为民的理念，指出"一切为了群众，一切相信群众，一切依靠群众，我们党就能获得取之不尽的力量源泉"。胡锦涛要求"深入了解和善于兼顾不同方面群众的利益，正确处理人民内部矛盾，依法及时合理地处理群众反映的问题"，在再一次表明党对人民群众利益重视的同时，明确要求区分不同性质的问题纠纷和矛盾，不能把人民群众推向我们的对立面，要巩固和扩大群众基础。综上所述，"人民"这一概念的政治内涵在中国特色社会主义事业进程中有了进一步的巩固和新的拓展。

2. 人民的主体地位得到巩固和加强

中国特色社会主义群众路线的本质是充分尊重人民群众的主体地位，让人民当家作主。邓小平充分尊重人民群众的历史主动性和首创精神，他说："马克思主义向来认为，归根结底地说来，历史是人民创造的。"强调人民群众是我们党的智慧和力量源泉，他鼓励通过解放和发展生产力来促进人的解放和发展。坚持在改革开放和现代化建设中发扬"人民主体观"，他说："中国的事情要按照中国的情况来办，要依靠中国人自己的力量来办。独立自主，自力更生，无论过去、现在和将来，都是我们的立足点。"明确指出要把"调动基层和工人、农民、知识分子的积极性""让他们参与管理，实现管理民主化"。①作为我国政治体制改革的三大目标之一，实现了"为民做主""让民做主"到"由民做主"的转变。江泽民指出，"扩大基层民主，是发展社会主义民主的基础性工作"，表明基层广大人民群众尤其是草根群众的民主权利和主体地位的重要性。胡锦涛强调，"人民群众是推动科学发展的主体""要把人民放在心中最高位置，尊重人民主体地位，尊重人民首创精神，拜人民为师""我们手中的权力是人民赋予的，只能用来为人民谋利益"，体现了"君权民与"的思想，是对人民主体地位的再强调。综上所述，"人民主体地位"在中国特色社会主义事业进程中得到进一步的突出和加强。

3. 人民民主权利和合法利益得到进一步保证

马克思主义认为，人们奋斗所争取的一切，都同他们的利益有关。中国共产党总是把实现人民群众根本利益与自己的历史责任相关联，与人民群众的具体

---

① 《邓小平文选》第3卷，人民出版社1993年版，第180页。

实践相结合，在这个过程中千方百计保障他们的民主权利和合法利益。邓小平1978年12月在《解放思想，实事求是，团结一切向前看》中指出，"要切实保障工人农民个人的民主权利，包括民主选举、民主管理和民主监督"①。1980年1月16日，邓小平在《目前的形势和任务》中要求"保证全体职工享受民主权利和合理的劳动条件、生活条件、学习条件"。依法保障人民民主。邓小平指出："为了保障人民民主，必须加强法制""必须使民主制度化、法律化""使这种制度和法律不因领导人的改变而改变，不因领导人的看法和注意力的改变而改变"。②强调"中国人民今天所需要的民主，只能是社会主义民主或称人民民主，而不是资产阶级的个人主义的民主"。③他创造性地把毛泽东思想中人民利益至上的价值观具体到"穷"与"富"这一对矛盾关系上，提出允许一部分人可以先富起来，带动和帮助其他地区、其他的人，逐步达到共同富裕。邓小平还提出人民利益细分为物质利益和精神利益，都要得到充分尊重，体现了他对人民利益

---

① 《邓小平文选》第2卷，人民出版社1994年版，第146页。
② 《邓小平文选》第2卷，人民出版社1994年版，第146页。
③ 《邓小平文选》第2卷，人民出版社1994年版，第175页。

的高度重视。江泽民一再强调党员干部要身体力行党的全心全意为人民谋利益的宗旨，在发展生产力的基础上不断改善人民的物质文化生活水平。胡锦涛提出以人为本，权为民所用、情为民所系、利为民所谋的执政理念，提出发展为了人民、发展依靠人民、发展成果由人民共享；从群众最关心、最直接的利益入手，为诚心诚意办实事、尽心竭力解难事、坚持不懈做好事。维护人民群众的权利和利益，尤其是在改革开放和现代化过程中，在涉及众多收入分配、利益调整的情况下保证人民群众的合法权利和切身利益，"在蛋糕做大的情况下分好蛋糕"，是中国共产党在新形势下面临的新考验，体现了中国特色社会主义群众路线的新特点。综上所述，人民的民主权利和利益在中国特色社会主义事业进程中有了明显的保障和制度的保障。

4. 人民群众的首创精神得到尊重

中国农民创造的家庭联产承包责任制掀开了中国农村改革的序幕，得到了邓小平的充分肯定，"乡镇企业的异军突起"得到了邓小平的充分称赞，他鼓励人民群众"大胆地闯""大胆地试"，他指出："改革开放中许许多多的东西，都是由群众在实践中提出来的。"邓小平十分善于发现和运用人民群众的首创智慧成果,他的改革思想之所以能得到人民群众的广泛响应,其根本原因是来源于人民、来源于实践。邓小平重视人才建设,重视人才对科学技术进步、经济社会发展的关键作用,充分激发了各方面人才的积极性、创造性,使中国社会出现人尽其才、才尽其用,人才潮流充分涌动的局面,进一步发扬了人民群众的主人翁精神和主力军作用。江泽民指出,任何时候都必须尊重社会发展规律与尊重人民群众主体地位的一致性,充分发挥人民群众的积极性、主动性和创造性,他说:"建设富强、民主、文明的社会主义现代化国家,是人民的事业,是党领导人民依靠自己的力量实现自己利益的事业。"①胡锦涛指出,"高度重视群众工作,坚持人民主体地位,发挥人民首创精神,是由我们党的性质决定的,也是由我们党的根本宗旨决定的。"综上所述,人民的首创精神在中国特色社会主义事业进程中得到更加尊重和充分发扬。

以上特点表明,我们党在新时期新形势坚持了以民为本、以人为本的文化理念,坚持了立党为公、执

---

① 江泽民:《论党的建设》,中央文献出版社2002年版,第125页。

政为民的政治理念,坚持了全心全意为人民服务的根本宗旨,坚持了党一贯倡导和秉持的党的群众路线、马克思主义群众观。中国特色社会主义群众路线,是对毛泽东思想中民本思想、民主思想、党的群众路线的继承、发展和完善,是党的建设伟大事业和中国社会民主进程在改革开放和现代化建设的伟大实践中的新探索、新拓展。

第四节 党的十八大以来的民本思想和群众路线

以习近平同志为核心的党中央高度重视群众工作,注重突出人民主体地位,关心人民群众生活。新的中央政治局上任伊始就制定了《十八届中央政治局关于改进工作作风、密切联系群众的八项规定》,以优良党风凝聚党心民心,以反腐倡廉的实际成效取信于民。在全党深入开展以为民务实清廉为主要内容的群众路线教育实践活动,要求党员干部坚持根本宗旨,解决人民群众反映强烈的突出问题,保持同人民群众的血肉联系。党中央正团结和带领全国各族人民万众一心、努力奋斗,协调推进四个全面战略布局,牢固树立五大发展理念,共同实现世代中华儿女所追求的中华民族伟大复兴的中国梦。

党的十八大以来,以习近平同志为核心的党中央治国理政的新理念新思想新战略中,蕴含着丰富的民本思想和人民观,饱含着对人民群众的炽热情怀和深情厚谊,体现着深厚的中华优秀传统文化底蕴,表明了马克思主义的群众观,是对毛泽东思想的继承和发展,对中国特色社会主义群众路线的深入实践和有效探索,丰富了马克思主义中国化成果。这些民本思想主要体现在习近平总书记系列重要讲话中,综观他所有的思想、观点、论述,会发现他的执政理念指向都是"人民"二字。

一、习近平经典论述精选

检验我们一切工作的成效,最终都要看人民是否真正得到了实惠,人民生活是否真正得到了改善,这是坚持立党为公、执政为民的本质要求,是党和人民事业不断发展的重要保证。

(2012年11月15日习近平在党的十八届一中全会上的讲话)

我们要坚持党的群众路线，坚持人民主体地位，时刻把群众安危冷暖放在心上，及时准确了解群众所思、所盼、所忧、所急，把群众工作做实、做深、做细、做透。

崇高信仰始终是我们党的强大精神支柱，人民群众始终是我们党的坚实执政基础。只要我们永不动摇信仰、永不脱离群众，我们就能无往而不胜。

(2012年11月15日习近平《全面贯彻落实党的十八大精神要突出抓好六个方面工作》)

我们的人民热爱生活，期盼有更好的教育、更稳定的工作、更满意的收入、更可靠的社会保障、更高水平的医疗卫生服务、更舒适的居住条件、更优美的环境，期盼孩子们能成长得更好、工作得更好、生活得更好。人民对美好生活的向往，就是我们的奋斗目标。

(2012年11月15日习近平在十八届中央政治局常委同中外记者见面时的讲话)

现在，大家都在讨论中国梦，我以为，实现中华民族伟大复兴，就是中华民族近代以来最伟大的梦想。这个梦想，凝聚了几代中国人的夙愿，体现了中华民族和中国人民的整体利益，是每一个中华儿女的共同期盼。

　　（2012年11月29日习近平在参观《复兴之路》展览时的讲话）

　　我们要依法保障全体公民享有广泛的权利，保障公民的人身权、财产权、基本政治权利等各项权利不受侵犯，保证公民的经济、文化、社会等各方面权利得到落实，努力维护最广大人民根本利益，保障人民群众对美好生活的向往和追求。

　　（2012年12月4日习近平在首都各界纪念现行宪法公布施行30周年大会上的讲话）

　　对各类困难群众，我们要格外关注、格外关爱、格外关心，时刻把他们的安危冷暖放在心上，关心他们的疾苦，千方百计帮助他们排忧解难。

　　（2012年12月29日、30日习近平在河北省阜平县考察扶贫开发工作时的讲话）

　　实现中国梦必须凝聚中国力量。这就是中国各族人民大团结的力量。中国梦是民族的梦，也是每个中国人的梦。只要我们紧密团结，万众一心，为实现共同梦想而奋斗，实现梦想的力量就无比强大，我们每个人为实现自己梦想的努力就拥有广阔的空间。生活在我们伟大祖国和伟大时代的中国人民，共同享有人生出彩的机会，共同享有梦想成真的机会，共同享有同祖国和时代一起成长与进步的机会。

中国梦归根到底是人民的梦，必须紧紧依靠人民来实现，必须不断为人民造福。

(2013年3月17日习近平在第十二届全国人民代表大会第一次会议上的讲话)

开展党的群众路线教育实践活动，就是要把为民务实清廉的价值追求深深植根于全党同志的思想和行动中，夯实党的执政基础，巩固党的执政地位，增强党的创造力凝聚力战斗力，使保持党的先进性和纯洁性、巩固党的执政基础和执政地位具有广泛、深厚、可靠的群众基础。

(2013年6月18日习近平在党的群众路线教育实践活动工作会议上的讲话)

要树立以人民为中心的工作导向，把服务群众同教育引导群众结合起来，把满足需求同提高素养结合起来，多宣传报道人民群众的伟大奋斗和火热生活，多宣传报道人民群众中涌现出来的先进典型和感人事迹，丰富人民精神世界，增强人民精神力量，满足人民精神需求。

(2013年8月19日习近平在全国宣传思想工作会议的讲话)

中国共产党坚持执政为民，人民对美好生活的向往就是我们的奋斗目标。我的执政理念，概括起来说就是：为人民服务，担当起该担当的责任。

(2014年2月7日习近平接受俄罗斯电视台专访时的答问)

人民既是历史的创造者、也是历史的见证者，既是历史的"剧中人"、也是历史的"剧作者"。文艺要反映好人民心声，就要坚持为人民服务、为社会主义服务这个根本方向。

只有牢固树立马克思主义文艺观，真正做到了以人民为中心，文艺才能发挥最大正能量。

(2014年10月15日习近平在文艺工作座谈会上的讲话)

我们的权力是党和人民赋予的，是为党和人民做事用的，姓公不姓私，只能用来为党分忧、为国干事、为民谋利。

(2015年1月12日习近平在中央党校县委书记研修班学员座谈会上的讲话)

坚持不忘初心、继续前进，就要坚信党的根基在人民、党的力量在人民，坚持一切为了人民、一切依靠人民，充分发挥广大人民群众积极性、主动性、创造性，不断把为人民造福事业推向前进。

人民立场是中国共产党的根本政治立场，是马克思主义政党区别于其他政党的显著标志。党与人民风雨同舟、生死与共，始终保持血肉联系，是党战胜一切困难和风险的根本保证，正所谓"得众则得国，失众则失国"。

全党同志要把人民放在心中最高位置，坚持全心全意为人民服务的根本宗旨，实现好、维护好、发展好最广大人民根本利益，把人民拥护不拥护、赞成不赞成、高兴不高兴、答应不答应作为衡量一切工作得失的根本标准，使我们党始终拥有不竭的力量源泉。

(2016年7月1日习近平在庆祝中国共产党成立95周年大会上的讲话)

推进健康中国建设，是我们党对人民的郑重承诺。各级党委和政府要把这项重大民心工程摆上重要日程，强化责任担当，狠抓推动落实。

(2016年8月19日习近平在全国卫生与健康大会上的讲话)

二、习近平引经据典精编

习近平十分注重和善于从中华优秀传统文化中汲取营养，从丰富的传统民本思想中借鉴智慧，他的讲话、文章、谈话、演讲、报告中，经常引经据典，富有深厚广博的文化含量。从古代民本思想的经典中引用的章句最多。以下是对其中一些引句和出处的梳理。

衙斋卧听萧萧竹，疑是民间疾苦声。些小吾曹州县吏，一枝一叶总关情。

（2012年12月29、30日习近平在河北省阜平县考察扶贫开发工作时的讲话 典出：清·郑板桥《潍县署中画竹呈年伯包大丞括》）

治大国若烹小鲜。

（2013年3月19日习近平接受金砖国家媒体联合采访时的答问 典出：《老子·第六十章》）

知屋漏者在宇下，知政失者在草野。

（2013年7月11日习近平在河北调研指导党的群众路线教育实践活动时的讲话 典出：汉·王充《论衡》）

民惟邦本,本固邦宁。

　　(习近平《干在实处　走在前列》,典出:《尚书·五子之歌》)

老吾老,以及人之老;幼吾幼,以及人之幼。

　　(习近平《干在实处　走在前列》,典出:《孟子·梁惠王上》)

吃百姓之饭,穿百姓之衣,莫道百姓可欺,自己也是百姓;

得一官不荣,失一官不辱,勿说一官无用,地方全靠一官。

　　(2013年11月26日习近平在同菏泽市及各县区主要负责人座谈会上的讲话　典出:河南南阳内乡县衙对联)

政之所兴在顺民心,政之所废在逆民心。

　　(2013年12月26日习近平在纪念毛泽东同志诞辰120周年座谈会上的讲话　典出:《管子·牧民》)

乐民之乐者,民亦乐其乐;忧民之忧者,民亦忧其忧。

　　(习近平《之江新语·为民办实事成于务实》　典出:《孟子·梁惠王下》)

善为国者，爱民如父母之爱子、兄之爱弟，闻其饥寒为之哀，见其劳苦为之悲。

　　　　（习近平《摆脱贫困·给宁德地直机关领导干部的临别赠言》　典出：汉·刘向《说苑·政理》）

圣人无常心，以百姓之心为心。

　　　　（习近平《之江新语·主仆关系不容颠倒》　典出：《老子·第四十九章》）

德莫高于爱民，行莫贱于害民。

　　　　（习近平《之江新语·主仆关系不容颠倒》　典出：《晏子春秋·内篇问下》）

治理之道，莫要于安民；安民之道，在于察其疾苦。

　　　　（2014年1月7日习近平在中央政法工作会议上的讲话　典出：明·张居正《答福建巡抚耿楚侗》）

人视水见形，视民知治不。

　　　　（2014年1月20日习近平在群众路线教育实践活动第一批总结暨第二批部署会上的讲话　典出：司马迁《史记·殷本纪》）

利民之事，丝发必兴；厉民之事，毫末必去。

  (2014年1月20日习近平在群众路线教育实践活动第一批总结暨第二批部署会上的讲话　典出：清·万斯大《周官辨非》)

长太息以掩涕兮，哀民生之多艰。

  (2014年10月15日习近平在文艺工作座谈会上的讲话　典出：屈原《离骚》)

安得广厦千万间，大庇天下寒士俱欢颜。

  (2014年10月15日习近平在文艺工作座谈会上的讲话　典出：杜甫《茅屋为秋风所破歌》)

朱门酒肉臭，路有冻死骨。

  (2014年10月15日习近平在文艺工作座谈会上的讲话　典出：杜甫《自京赴奉先县咏怀五百字》)

谁知盘中餐，粒粒皆辛苦。

  (2014年10月15日习近平在文艺工作座谈会上的讲话　典出：李绅《悯农》)

凡治国之道，必先富民。

  (2015年11月18日习近平在亚太经合

组织工商领导人峰会上的主旨演讲 典出：管仲《管子·治国第四十八》）

天下何以治？得民心而已！天下何以乱？失民心而已！

（习近平2016年1月12日在第十八届中央纪律检查委员会第六次全体会议上的讲话 典出：清·王韬《弢园文录外编》）

治国有常，而利民为本。

（习近平2016年1月18日在省部级主要领导干部学习贯彻党的十八届五中全会精神专题研讨班上的讲话 典出：西汉·刘安《淮南子·氾论训》）

求木之长者，必固其根本。

（2016年3月26日习近平在捷克《权利报》发表文章《奏响中捷关系的时代强音》 典出：魏徵《谏太宗十思疏》）

得人者兴，失人者崩。

（2016年4月19日习近平在网络安全和信息化工作座谈会上的讲话 典出：司马迁《史记·商君列传》）

为天地立心，为生民立命，为往圣继绝学，为万世开太平。

  （2016年4月26日习近平在知识分子、劳动模范、青年代表座谈会上的讲话　典出：北宋·张载）

得众则得国，失众则失国。

  （2016年7月1日习近平在庆祝中国共产党成立95周年大会上的讲话　典出：《大学·第十四章》）

三、习近平民本思想和群众观的基本特点初探

十八大以来党中央治国理政新理念新思想新战略中，蕴藏着丰富的人文滋养和民本思想，其特点至少表现在以下方面：

1. 习近平民本思想具有强烈的政治取向。坚持和发展中国特色社会主义是党的十八大最鲜明的主题，是十八届中央领导集体最坚定的意志。习近平同志指出："中国特色社会主义，是科学社会主义理论逻辑和中国社会发展历史逻辑的辩证统一，是根植于中国大地、反映中国人民意愿、适应中国和时代发展进步要求的科学社会主义，是全面建成小康社会、加快推

进社会主义现代化、实现中华民族伟大复兴的必由之路。"在主持十八届中央政治局第一次集体学习时，习近平就指出，"只有高举中国特色社会主义伟大旗帜，我们才能团结带领全党全国各族人民，在中国共产党成立100年时全面建成小康社会，在新中国成立100年时建成富强民主文明和谐的社会主义现代化国家，赢得中国人民和中华民族更加幸福美好的未来"，从中可以看出，依靠的主体、实践的主体、服务的主体都是人民群众。在这里，群众路线融入了中国道路，群众观点融入了中国理论体系，党的领导、人民当家作主、依法治国三者的有机结合融入了中国制度保障。习近平强调，中国特色社会主义是亿万人民自己的事业，所以必须发挥人民主人翁精神，更好保证人民当家作主。这阐明了人民群众在中国特色社会主义这一政治取向中的主体地位。如何才能确保这一政治取向、这一主体地位呢？习近平强调："密切党群、干群关系，保持同人民群众的血肉联系，始终是我们党立于不败之地的根基。一个政党、一个政权，其前途和命运最终取决于人心向背。如果我们脱离群众、失去人民拥护和支持，最终也会走向失败"，人民群众是政治取向的保证，群众路线是政治路线的支撑。

道路自信、理论自信、制度自信、文化自信，归根到底是政治的自信；只有秉持牢固的群众观，坚持党的群众路线，才能赢得人民群众的信任、拥护和支持，才能正确把握中国道路的正确方向、价值追求和本质要求。因此，中国特色社会主义的最高利益和核心价值与党的群众路线的内在要求具有高度的一致性。由此可见，坚定的政治目标、政治方向、政治道路是习近平民本思想的政治取向。

2. 习近平民本思想具有深厚的传统底蕴。传承优秀的传统文化基因，从传统的民本思想中汲取营养、借鉴智慧，是习近平治国理政的文化情怀与思维方式。习近平指出，"中华文明源远流长，孕育了中华民族的宝贵精神品格，培育了中国人民的崇高价值追求"，由此可以看到他对优秀传统文化的礼敬、礼赞之心，看到他的历史观、民族观、国家观、政治观，更能体悟他的文化观、价值观、人民观、民生观。在此基础上，习近平强调要确立我们这个有着13亿人口、56个民族的大国各族人民共同认同的价值观"最大公约数"即社会主义核心价值观，并以此激活全体中华儿女共同保有的传统文化中的优秀因子。习近平从《孟子·离娄上》"得天下有道，得其民，斯得天下矣，得其民有道，得其心，斯得民矣。得其心有道，所欲与之聚之，所恶勿施尔也"中，提炼出"得民心者得天下，失民心者失天下，人民拥护和支持是党执政的最牢固根基"，以告诫全党；用《新唐书·褚遂良传》中"奢靡之始，危亡之渐"的古训，警告党员干部远离"四风"，保持艰苦朴素的作风，坚持走群众路线。由此可见，深厚的传统文化底蕴铺垫了习近平民本思想和群众观的价值观基础。

3. 习近平民本思想具有鲜明的时代特征。历史发展的趋势、客观环境的变化、科技水平的提高、生产关系的调整、社会变革的影响、服务主体的需求，构成社会组织的时代性背景。当前，我国正处在发展关键期、改革攻坚期、矛盾凸显期，社会结构、社会组织形式、社会利益格局发生深刻变化，许多深层次的矛盾和问题逐渐浮出水面；新形势新情况新环境下，人民日益增长的物质文化需要同落后的社会生产之间的矛盾这一社会主要矛盾仍然没有从根本上得到解决。这就要求我们党的执政理念、执政方式要体现与时俱进。正如习近平指出的"我们正在进行具有许多新的历史特点的伟大斗争，面临的挑战和困难前所未有"，我们党执政就必须"根据国内外形势新变化，顺应我国经济社会新发展和广大人民群众新期待"进行新的调整，这是习近平民本思想的时代性特点。例如，针对"我国经济发展的'蛋糕'不断做大，但分配不公问题比较突出，收入差距、城乡区域公共服务水平差距较大"等问题，习近平提出，"我们必须坚持发展为了人民、发展依靠人民、发展成果由人民共享，作出更有效的制度安排，使全体人民朝着共同富裕方向稳步前进，绝不能出现'富者累巨万，而贫者食糟糠'的现象"。面对社会组织结构的新变化，社会阶层的新特点，习近平要求创新联系群众、服务群众的途径与方法，畅通人民群众参与社会管理的渠道，夯实中国特色社会主义道路的群众基础。例如，习近平要求加强完善和发展中国特色社会主义制度，不断推进国家治理体系和治理能力现代化，勇于推进理论创新、实践创新、制度创新，以及其他各方面的创新，目的是"让人民更有获得感"，这一具有鲜明时代色彩的路径、方法、手段和目标的表达，体现了习近平民本思想的时代感，也体现了我们党对执政规律、社会主义建设规律、人类社会发展规律的新认识、新探索。习近平民本思想的时代性还表现在他善于从人类文明进步的角度、从世界发展大势的角度、从与各国人民和谐共处共同发展的角度,定位中国人民未来的生存发展,让中国人民更有底气、更有自信、更有力量地矗立于世界的东方,并为人类作出更多的贡献、负起更多的担当。由此可见,与时俱进的时代品质铸就了习近平民本思想和群众观的时代价值。

4.习近平民本思想具有高度的责任担当。责任担当是十八届中央领导集体强调最多的高频词之一。2012年11月15日,在十八届中央政治局常委同中外记者见面时,习近平就重点讲到三个重大责任:对民族的责任、对人民的责任、对党的责任。在谈到对人民的责任时,习近平说:"我们的人民热爱生活,期盼有更好的教育、更稳定的工作、更满意的收入、更可靠的社会保障、更高水平的医疗卫生服务、更舒适的居住条件、更优美的环境,期盼孩子们能成长得更好、工作得更好、生活得更好。人民对美好生活的向往,就是我们的奋斗目标""我们的责任,就是要团结带领全党全国各族人民,继续解放思想,坚持改革开放,不断解放和发展社会生产力。努力解决群众的生产生活困难,坚定不移走共同富裕的道路。"十八大以来,中央陆续出台关于全面深化改革、促进经济持续健康发展、推动依法治国、促进社会公平正义、保障人民群众各项权益，包括就医、就业、就学、住房、低保、环保、养老、户籍、生育等方面的重大举措、政策制度、法律法规，无不体现了以习近平为总书记的党中央对人民高度负责的担当精神。由此可见，强烈的责任使命担当是习近平民本思想的明显特质。

5. 习近平民本思想具有强大的凝聚力量。中国梦是中华民族近代以来最伟大的梦想，是全党全国各族人民共同的奋斗目标，是团结凝聚海内外中华儿女的一面精神旗帜，具有巨大的感召力和凝聚力。习近平提出中国梦这个伟大目标，是全体中华儿女共同的梦想、共同的最大利益，也极大地起到了凝心聚力的作用。我们党要团结和带领全体人民实现中国梦，必须走群众路线。习近平说，"中国梦归根到底是人民的梦，必须紧紧依靠人民来实现，必须不断为人民造福""中国梦是民族的梦，也是每个中国人的梦""全国各族人民一定要牢记使命，心往一处想，劲往一处使，用13亿人的智慧和力量汇集起不可战胜的磅礴力量。"中国梦的提出，使全体人民无论在哪条战线哪个阶层哪个部门哪个岗位，都有了同一个前进方向、同一个奋斗目标，无论什么人都可以有自己的梦想，可以有共同的梦想，可以在中国梦这个共同的话题下、共同的话语体系下达成共识、形成合力，寻找全社会的"最大公约数"。在这个伟大目标下，我们党能够团结一切可以团结的力量，整合一切可以利用的智力资源，统筹协调各方，消弭隔阂，齐心协力，形成实现共同奋斗目标和远大目标的同心圆。由此可见，用共同的目标、共同的信念、共同的利益来凝聚人心、汇聚民力是习近平民本思想的内在力量。

6. 习近平民本思想具有巨大的自律意识。要充分发挥人民群众这个依靠力量，必先加强我们党这个领导力量；领导力量的强大与否，直接取决于我们党的品质。习近平经常强调"打铁还需自身硬"，要求党的高级领导干部和广大党员干部坚定理想信念，牢记宗旨责任，恪守"三严三实"，做到为民、务实、清廉、忠诚、干净、担当，以高品质、好作风赢得人民群众的信赖和拥护。十八届中央领导集体从自身做起，率先垂范，中央政治局全体成员严格遵守八项规定。针对一些领域消极腐败现象仍然易发多发，党员干部脱离群众的现象普遍存在，形式主义、官僚主义、享乐主义和奢靡之风日益严重，党中央坚持党要管党、从严治党的原则，坚决查处和惩治一批违反党纪国法的党员干部，将其清除出党的队伍；我们坚持思想建党、组织建党、作风建党、制度建党，狠抓作风建设，重申遵守党章，制定修改廉洁自律准则、纪律处分条例、监督条例、政治生活若干准则，以及各项规定等，依规治党，增强党内政治生活的政治性、时代性、原则性、战斗性，增强党的自我净化、自我完善、自我革新、自我提高的能力，增强拒腐防变和抵御风险的能力；坚持党内监督和人民群众监督相结合，充分发扬党内民主和人民民主。这一系列举措，使一些严重损害党在人民群众中的形象，严重损害党群、干群关系的问题得到处理，党风明显好转，增强了人民群众听党话、跟党走的决心和信心。由此可见，严格自律、从严治党是习近平民本思想赢得党心民心的根本原因。

中国特色社会主义的伟大事业在进行中，党的建设伟大工程在实施中，党中央的治国理政的新理念新思想新战略还在丰富和发展，中国特色社会主义新局面新境界下的民本思想也将不断丰富和发展。

跋

由李长喜同志主编、六位理论宣传工作干部联合编著的《党政干部传统文化学习丛书》——《讲仁爱》《重民本》《守诚信》《崇正义》《尚和合》《求大同》等六本书和国务院国资委监事会温克同志撰写的《养廉洁》即将出版发行。

《丛书》以史为鉴，以民族复兴为旗帜，弘扬优秀传统文化，践行社会主义核心价值观。丛书的编著可谓："正议中华崇信仰，纵议经典道修为，畅说美丽中国梦，尽析国策明大理。"其中，《崇正义》举公正之旗，高唱"公正"作为社会主义核心价值的主旋律；《求大同》寻根人类最高理想，求"世界大同""天下为公"，成为人类最高社会理想；《尚和合》实现大同之世，行"和合"之法，树"和合"之道；《重民本》是我国历史"民贵"思想的承传，以民为本，依靠人民，才是民族走向昌盛的根本；《守诚信》是中华民族最重要的道德规范和行为准则之一，最高的诚信是信仰的净化，民族信仰的真理之光会照耀着社会平等友爱；《讲仁爱》是中国优秀传统文化的思想精华，就是以"仁"为根本，以"爱人"为核心。所谓"仁者爱人"是一种致力于"仁爱"，践行和坚守"仁爱"的世界观、社会观、伦理观和道德观。《养廉洁》是社会需要，是践行社会主义价值观的必行之路。

这套《丛书》是根据习近平同志关于学习和弘扬中华优秀传统文化的一系列重要讲话精神编著的。丛书选取了古代明君贤相和专家学者的相关经典论述、名言警句、诗词等古代原文，译成通俗易懂的白话文，并联系现代实际，深入阐发其当代价值和现实意义，特别是对培育和践行社会主义核心价值观的精神力量，体现了习近平同志关于古为今用、推陈出新、以古鉴今的重要思想。《丛书》通俗易懂、具有很强的现实应用价值，填补了国家理论宣传领域对传统文化深层解读的知识体系之空白，也是目前国家层面高水准的党政干部传统文化研修读本，同时可以作为各级党政干部培训的参考教材和标准化的课程体系。

此套教材的研发，是国家文化战略重点课题《中华优秀传统文化传承体系构建研究》和"十二五"教育部规划课题《传统文化与中小学生人格培养研究》两大课题并题研究的科研成果，教材的出版也得到了中国留学人才发展基金会中华传统文化振兴基金的大力支持。

在此，对主编和编著者们付出的辛苦和努力，对参与和支持项目研究的各级领导和业务机构一并表示感谢。同时，特别感谢著名学者、中国书法家协会理事、"十二五"教育部规划课题《传统文化与中小学生人格培养研究》传统文化系列教材编审委员会专家、大连图书馆终身名誉馆长、研究员（享受国务院特殊津贴）张本义先生为丛书题写书名。

普颖华　张　健
国家文化战略重点课题《中华优秀传统文化传承体系构建研究》总课题组
"十二五"教育部规划课题《传统文化与中小学生人格培养研究》总课题组

统　　筹：任　超　于　青
责任编辑：宫　共
封面设计：王欢欢
责任校对：吕　飞

图书在版编目（CIP）数据

重民本/刘汉俊 编著；中国国学文化艺术中心 组编.
—北京：人民出版社，2016.12
（党政干部传统文化学习丛书/李长喜主编）
ISBN 978-7-01-016496-0

Ⅰ.①重… Ⅱ.①刘…②中… Ⅲ.①中华文化-干部教育-学习参考资料　Ⅳ.①K203

中国版本图书馆 CIP 数据核字（2016）第 174682 号

重民本

ZHONGMINBEN

刘汉俊　编著
中国国学文化艺术中心　组编

人民出版社 出版发行
（100706　北京市东城区隆福寺街 99 号）

北京新华印刷有限公司印刷　新华书店经销

2016 年 12 月第 1 版　2016 年 12 月北京第 1 次印刷
开本：880 毫米×1230 毫米 1/32　印张：10.875　字数：183 千字

ISBN 978-7-01-016496-0　定价：38.00 元

邮购地址　100706　北京市东城区隆福寺街 99 号
人民东方图书销售中心　电话（010）65250042　65289539

版权所有·侵权必究
凡购买本社图书，如有印制质量问题，我社负责调换。
服务电话：（010）65250042